Je retrouve la force de vivre

EMERIC LEBRETON
DOCTEUR EN PSYCHOLOGIE

Je retrouve la force de vivre

MON AUTO-THÉRAPIE
du deuil à la consolation

MARABOUT

Préambule

Pour des raisons de fluidité et de facilité de lecture,
nous n'avons pas opté pour l'écriture inclusive.
Mais bien entendu, ce livre s'adresse à tout·e·s.
Bonne lecture !

« Ceux que nous aimons
et que nous avons perdus
ne sont plus où ils étaient,
mais ils sont toujours partout
où nous sommes. »

Lewis Smedes

Si vous ressentez des difficultés ou que vous vous sentez déstabilisé par la lecture de ce livre, vous pouvez contacter son auteur par e-mail :
emeric.lebreton@orientaction.com

Sommaire

Que signifie « faire son deuil » ? 9

Les sept étapes du deuil 13

Votre auto-thérapie du deuil : mode d'emploi 17

Premières questions 21

Étape n° 1 – Je me souviens de la personne disparue 26

Étape n° 2 – J'apprends à gérer les émotions du deuil 46

Étape n° 3 – J'identifie les besoins sous-jacents et j'y réponds 70

Le cas de la perte d'un enfant 101

Étape n° 4 – Je m'ouvre aux « croyances aidantes » 116

Étape n° 5 – Je me reconnecte pleinement et totalement à l'être cher disparu 142

Étape n° 6 – Je m'éloigne, je commence à me séparer, je trouve la bonne distance 160

Étape n° 7 – Je dis ce qui n'a pu être dit et redis ce qui a déjà été dit 172

Vos engagements pour le futur 189

Annexes 200

Que signifie « faire son deuil » ?

***

« Pour ceux qui sont en deuil, la nuit est difficile car l'obscurité est trop dense pour voir. Mais le jour aussi est difficile, car il est rempli de souvenirs de la lumière et de la joie. »

ELIE WIESEL

***

Si vous avez acheté ce livre, c'est que vous êtes confronté à la perte d'un être cher. Cette situation vous met dans un état de douleur et de chagrin tel que vous ressentez le besoin d'être aidé. Vous n'attendez pas qu'on vous sauve ou qu'on vous guérisse, mais vous avez besoin qu'on vous aide à obtenir un soulagement. Vous aimeriez pouvoir respirer enfin et retrouver un peu de paix pour avancer. Vous aimeriez que la douleur soit moins forte, pouvoir vivre et non plus survivre.

Qui était cet être cher disparu ? Une femme, un mari, un fils, une fille, un frère, une sœur, un père, une mère, un ami, une amie ? Cette personne comptait beaucoup pour vous. Elle jouait un rôle important dans votre vie. Elle vous apportait de la stabilité. Elle vous reliait aux autres et au monde. Sa disparition a semé le chaos. Elle a jeté un doute, jusqu'à vous amener à vous demander si cela valait encore la peine de vivre. Cette disparition a causé un tel vide dans votre vie que tout vous semble dénué de sens.

Comme le rappelle le docteur Samuel Johnson : *« La mort d'un être cher est une coupure si profonde que même le temps a du mal à guérir cette blessure. »*

Bien que l'on sache dès notre plus jeune âge que la mort fait partie de la vie, les émotions et les sentiments qui nous submergent lorsqu'elle fait irruption dans notre existence peuvent être extrêmement durs. Ils vont parfois jusqu'à nous mettre dans un état tel que nous sommes incapables de poursuivre une vie normale. Nous nous replions sur nous-mêmes, n'arrivons plus à créer de nouvelles relations ou à entretenir celles qui existent. Le deuil peut même nous pousser sur la pente raide de l'autodestruction.

Durant cette période de profonde tristesse et de ténèbres, ce que Freud appelle la « pulsion de vie » continue pourtant d'agir en nous, en secret. La « pulsion de vie » est ce qui nous pousse à la résilience et à la guérison. C'est la lumière dans l'obscurité! Votre décision de réaliser cette auto-thérapie en est la manifestation. En vous, il y a un feu qui continue de brûler et ce feu est la vie. C'est lui qui vous signifie : *« Stop, je ne peux pas continuer comme ça. Il y a forcément une autre voie ! »*

***

La lanterne de papier

Il y a longtemps, dans un petit village du Japon, vivait une femme nommée Aiko. Elle avait un mari qu'elle aimait profondément et, ensemble, ils espéraient fonder une famille. Cependant, le destin fut cruel : son mari mourut subitement, la laissant seule avec son chagrin.

Aiko était inconsolable. Elle errait comme une ombre à travers son village, incapable de trouver la paix. Chaque soir, elle allumait une petite lanterne de papier et la plaçait à la fenêtre, espérant que son mari, où qu'il soit, verrait la lumière et reviendrait à elle.

Les jours passaient, puis les semaines et les mois, mais Aiko continuait d'allumer sa lanterne chaque soir. Les villageois, touchés par son deuil profond, commencèrent à s'inquiéter pour elle. Ils tentèrent de lui parler, de la réconforter, mais rien ne semblait apaiser sa douleur.

Un jour, un sage qui passait par le village entendit parler de l'histoire d'Aiko. Il se rendit à sa maison et lui dit doucement :
– Je vois que tu portes en toi une grande tristesse. Ton mari est parti, et tu continues d'attendre qu'il revienne. Mais sais-tu que la lumière que tu allumes chaque soir n'est pas pour lui, mais pour toi ?
Aiko, surprise, demanda ce que le sage voulait dire.
Ta lanterne, c'est le feu de la vie qui brûle encore en toi. Tant que tu continues de l'allumer, cela signifie que tu n'as pas abandonné l'espoir. Ce feu, c'est ta force intérieure, ton espoir qui te maintient en vie, même au milieu de ta douleur. Ne l'éteins pas, mais ne te perds pas dans le passé. Utilise ce feu pour éclairer ton chemin vers l'avenir.
Aiko resta silencieuse, réfléchissant aux paroles du sage. Ce soir-là, elle alluma de nouveau sa lanterne, mais cette fois, elle ressentit une chaleur différente en elle. Ce n'était plus seulement la douleur qui la poussait à allumer cette lumière, mais une petite flamme d'espoir qui avait été ravivée en elle.

***

C'est vrai ! Il y a une autre voie. C'est le but de ce livre : vous aider à emprunter cette voie, grâce à des exercices, des questionnements, des analyses, des citations et des histoires. Ce travail sur vous-même sera sans doute difficile tant votre cœur est à vif. Mais vous avez décidé de le faire… Car en vous la vie cherche son chemin, comme un voyageur perdu dans un labyrinthe cherche la sortie. Le voyageur avance à tâtons. Il se fait piéger dans des voies sans issue, jusqu'à ce qu'il sorte.

Le chemin dans le labyrinthe représente le processus psychologique et émotionnel qu'on appelle « faire son deuil ». « Faire son deuil », c'est chercher en soi le chemin qui nous mènera à un état d'apaisement et nous réconciliera avec l'existence. « Faire son deuil », c'est accepter et intégrer ce qui s'est passé et qui n'aurait jamais dû se passer ! « Faire son deuil », c'est emprunter un chemin qui mène lui-même à un autre chemin, celui de la résilience. Il nous amène à faire la paix avec la vie.

Cette expression « faire son deuil » peut vous agacer. Je l'ai constaté chez certaines personnes, elle leur hérissait littéralement le poil ! Ces personnes percevaient cette phrase comme une injonction à aller mieux, comme si on les obligeait à oublier, qu'on leur donnait l'ordre de tirer sans délai un trait sur tout ce qu'elles avaient vécu et de faire comme si rien ne s'était passé. Je tiens à vous rassurer, il ne se sera pas question dans cette thérapie d'oublier ni de « faire semblant ».

C'est tout le contraire que nous allons faire ensemble. Dans ma pratique, « faire son deuil » ne veut pas dire oublier, mais au contraire se souvenir. Selon moi, « faire son deuil », c'est créer une nouvelle relation avec l'être cher et disparu. C'est faire d'une absence une présence ! Et c'est dans cette nouvelle relation, entre vous et la personne disparue, où chacun aura sa place, que vous pourrez retrouver la voie d'une vie heureuse. Ou tout du moins le soulagement espéré de votre douleur.

***

Le mot **« deuil »** vient du latin *dolus*, qui signifie « douleur ». Le mot a évolué dans la langue française pour désigner la période de chagrin suivant la mort d'un être cher. L'expression « faire son deuil » signifie accepter la perte d'une personne et intégrer cette perte dans sa vie quotidienne, ce qui implique un processus psychologique et émotionnel profond. Cette expression suggère un travail actif sur soi-même pour surmonter la douleur et s'adapter à l'absence de l'être cher.

***

Les sept étapes du deuil

***

« Ceux que nous aimons et que nous avons perdus ne sont plus où ils étaient, mais ils sont partout où nous sommes. »

ALEXANDRE DUMAS

***

Le chemin que je vous propose de parcourir comporte sept étapes. À chacune de ces étapes, nous nous arrêterons pour traiter d'un sujet particulier et démêler les fils complexes de la « psychologie du deuil ». Prenez votre temps pour bien effectuer les exercices. Il faut que le travail se fasse en profondeur, à un niveau émotionnel et inconscient. Savez-vous qu'il existe des mécanismes de défense qui peuvent vous pousser à rester en surface? Pour obtenir de vrais effets, il faut ouvrir votre cœur.

Voici les sept étapes par lesquelles nous allons passer :

- **Étape 1 : se souvenir activement de la personne disparue**
Durant cette première étape, vous allez apprendre à faire de l'absence une présence. Contrairement à une idée reçue, « faire son deuil » n'a rien à voir avec le fait d'oublier. La première étape de ce travail sur vous-même va être exactement l'inverse.

- **Étape 2 : gérer et comprendre les émotions du deuil**
Dans un deuil, les émotions sont intenses et entremêlées. Ce sont ces émotions intenses, parfois contradictoires, qui nous envahissent et

peuvent nous faire perdre pied. Nous allons démêler ensemble les émotions que vous éprouvez et comprendre leur signification.

- **Étape 3 : identifier les besoins sous-jacents et y répondre**

Cette troisième étape est l'une des plus difficiles, car elle revient à adopter un point de vue rationnel sur le deuil. Pourtant, c'est en comprenant mieux la psychologie du deuil que vous pourrez identifier précisément les causes de votre souffrance et y trouver remède.

- **Étape 4 : s'ouvrir aux « croyances aidantes »**

La souffrance du deuil peut être accentuée par nos croyances. Pendant cette quatrième étape, nous explorerons différentes croyances sur la mort, issues de plusieurs cultures. Parmi ces croyances, certaines pourraient devenir des « croyances aidantes ».

- **Étape 5 : se reconnecter pleinement et totalement à l'être cher disparu**

Cette cinquième étape est simplement incroyable. Vous allez apprendre à vous reconnecter à la personne disparue. Il n'y a rien de magique ou de surnaturel. Nous nous appuierons juste sur les capacités du corps et de l'esprit.

- **Étape 6 : s'éloigner, commencer à se séparer, trouver la bonne distance**

Après s'être connecté totalement, il faut se séparer, mais pas brutalement. Non, nous allons le faire doucement, progressivement, avec bienveillance. C'est aussi le moment où l'on prend des décisions importantes, notamment celle de choisir de regarder l'avenir plutôt que le passé.

- **Étape 7 : dire ce qui n'a pu être dit et redire ce qui a déjà été dit**

Cette septième étape est l'opportunité pour vous de dire ce qui n'a pas pu être dit et de redire ce qui l'a déjà été. C'est peut-être le moment aussi de recevoir et de comprendre certains messages que vous n'aviez pas perçus plus tôt.

À l'issue de ces sept étapes, le moment sera venu pour vous de dire au revoir, sans « dire adieu ». Ce sera un moment fort où vous prendrez une série de décisions pour la suite de votre vie. Ces choix ne seront pas tous faciles, mais ils seront indispensables.

***

Le marchand de sable

Un vieux marchand de sable aidait les gens à trouver le sommeil en leur racontant des histoires. Après la mort de son fils, il perdit le goût de raconter des histoires.

Un soir, un enfant lui demanda une histoire pour pouvoir dormir. En cherchant à aider l'enfant, il trouva une histoire à lui raconter, qui se trouvait être la préférée de son fils. En la partageant, il se rendit compte que raconter ces histoires permettait de garder vivant le souvenir de son fils.

***

Votre auto-thérapie du deuil : mode d'emploi

***

« Une fois que la tempête est passée, vous ne vous souviendrez pas comment vous avez fait pour survivre. Vous ne serez même pas sûr que la tempête soit vraiment finie. Mais une chose est certaine, quand vous sortirez de la tempête, vous ne serez plus la même personne que celle qui y est entrée. »

HARUKI MURAKAMI

***

L'auto-thérapie est un processus où l'on prend des mesures thérapeutiques par soi-même pour améliorer sa santé psychologique ou émotionnelle. Elle est réalisée sans l'intervention directe d'un professionnel de santé, par la personne elle-même, en exploitant ses ressources internes et parfois en étant guidée. C'est précisément ce que vous allez entreprendre avec ce livre. Je serai là, en tant que votre thérapeute, pour vous guider à travers ce parcours thérapeutique en autonomie.

Comment cela fonctionnera-t-il en pratique ?

Je vais vous poser des questions et vous suggérer différents exercices à effectuer. Chaque question et chaque exercice sont conçus comme des mini-étapes qui vous aideront à avancer sur le chemin du deuil. Ne vous inquiétez pas si vous ne pouvez pas répondre immédiatement à une question. Vous pouvez la mettre de côté et y revenir plus tard. L'important est de faire l'effort d'y réfléchir, même si les réponses ne viennent pas tout de suite. C'est un travail sur soi. Il nécessite du temps.

Quelles sont les règles à suivre pour réussir cette auto-thérapie?

La première règle est d'être authentique et sincère dans vos réponses et d'adopter une attitude de non-jugement envers vous-même. Ne vous jugez pas et ne vous sentez pas gêné par vos réponses. Ce livre est un espace de liberté et de sécurité, où vos réponses restent confidentielles et vous appartiennent en propre. Gardez ce livre dans un lieu privé, inaccessible à vos proches. Pour le lire, installez-vous dans un lieu tranquille, où vous pouvez exprimer vos émotions (colère, tristesse) sans crainte.

Que faire si je ressens du mal-être, du stress ou de l'angoisse?

Ce livre contient plus d'une centaine de questions, certaines ouvertes, d'autres fermées. Il est normal de ressentir du stress ou de l'anxiété en répondant à certaines d'entre elles, surtout lorsqu'elles vous obligent à revisiter des souvenirs douloureux. C'est une partie essentielle du travail sur soi, visant à clarifier et verbaliser ces expériences et les émotions associées. Si le stress, l'angoisse ou vos émotions deviennent trop intenses, posez le livre et pratiquez une autre activité le temps qu'ils se dissipent.

Il est maintenant temps de commencer votre thérapie.

Avant de commencer, je souhaite que nous établissions ensemble un contrat moral. Pourquoi un contrat? Parce qu'il est crucial pour le succès de toute thérapie de vous engager. Cochez les sept

cases suivantes pour vous assurer qu'elles vous conviennent. Si c'est le cas, datez et signez en bas de la page, en ajoutant la mention manuscrite « Je m'engage ». Ainsi, le contrat moral sera établi. Vous êtes bien sûr totalement libre de signer ou de ne pas signer si certaines conditions ne vous conviennent pas.

- ☐ Je suis libre de commencer cette auto-thérapie. Personne n'exerce de contrainte sur moi pour que j'entreprenne ce travail sur moi-même.
- ☐ Je m'engage à être pleinement acteur de cette auto-thérapie, à essayer de répondre aux différentes questions et à essayer de faire les différents exercices en respectant mes limites.
- ☐ Je suis conscient que si je rencontre des difficultés je ne suis pas forcé de répondre à la question concernée. J'ai le droit de ne pas répondre à

toutes les questions.

- ☐ Je suis conscient que cette auto-thérapie ne peut pas satisfaire tous mes besoins de soutien d'accompagnement et qu'il existe des thérapeutes que je peux consulter.
- ☐ Je m'engage à réaliser ce travail avec bienveillance, sans me mettre de pression excessive. Si je n'y arrive pas, ce n'est pas grave.
- ☐ Je m'engage à ne pas chercher à juger mes actes, mes pensées ou mes émotions, à les considérer le plus possible d'une manière neutre et détachée.
- ☐ Je m'engage à m'autoriser à exprimer certaines idées, pensées ou émotions que je tais habituellement.

Inscrivez ici votre prénom, datez, puis si vous êtes prêt à vous engager, signez.

Mon prénom : ____

Date : ____

Signature précédée de la mention manuscrite
« Je m'engage »

Premières questions

***

« Soyez patient envers tout ce qui n'est pas résolu dans votre cœur et essayez d'aimer les questions elles-mêmes. »

RAINER MARIA RILKE

***

Quel est votre prénom ?

____

Quel est votre âge ?

____

Pouvez-vous vous présenter en quelques mots ?

____

____

____

____

____

____

Comment s'appelait la personne disparue ?

____

Quel âge avait-elle ?

____

Pouvez-vous la décrire physiquement en quelques mots ?

____

____

____

____

____

Pouvez-vous la décrire psychologiquement en quelques mots ?

____

____

____

____

____

Quel était votre lien avec cette personne ? Cette personne était :

- ☐ Mon enfant
- ☐ Ma mère
- ☐ Mon père
- ☐ Mon conjoint
- ☐ Mon frère
- ☐ Ma sœur
- ☐ Mon meilleur ami
- ☐ Ma meilleure amie
- ☐ Mon grand-père
- ☐ Ma grand-mère
- ☐ Un de mes petits-enfants
- ☐ Mon oncle
- ☐ Ma tante
- ☐ Mon cousin
- ☐ Ma cousine
- ☐ Mon beau-père
- ☐ Ma belle-mère
- ☐ Un·e de mes ami·es
- ☐ Un·e de mes collègues de travail
- ☐ Mon manager
- ☐ Mon mentor
- ☐ Autre (décrivez) : _______________

____

Décrivez votre relation avec cette personne :

____

____

____

____

____

Comment cette personne est-elle décédée?

- ☐ Accident
- ☐ Suicide
- ☐ Vieillesse
- ☐ Guerre
- ☐ Maladie
- ☐ Catastrophe naturelle
- ☐ Assassinat
- ☐ Autre (décrivez) : ____________________

____

Racontez ce qui s'est passé :

____
____
____
____
____
____
____

Est-ce que le décès a été brutal?

- ☐ Oui
- ☐ Non
- ☐ Je ne sais pas

Si vous avez décidé d'entreprendre cette auto-thérapie, c'est que vous souffrez et que vous aimeriez soulager votre souffrance. Est-ce bien cela?

- ☐ Oui
- ☐ Non
- ☐ Je ne sais pas

Si votre souffrance était un objet, quel serait-il? Choisissez dans la liste le ou les objets qui pourraient le mieux représenter votre souffrance.

- ☐ Une pierre lourde dans un sac à dos, constamment pesante à porter.
- ☐ Un morceau de verre brisé, tranchant et douloureux au toucher.
- ☐ Une chaîne de vélo rouillée, entravant le roulement et grinçant à chaque coup de pédale.
- ☐ Une ampoule grillée, vous plongeant dans le noir.
- ☐ Une vieille montre qui ne fonctionne plus, symbolisant le temps arrêté.
- ☐ Une fine écharde sous la peau, douloureuse et infectée.

- ☐ Un livre aux pages déchirées, symbolisant une histoire inachevée.
- ☐ Une bouteille de parfum vide, rappelant des souvenirs perdus.
- ☐ Un miroir fissuré, reflétant une image déformée et incomplète de vous.
- ☐ Un mur craquelé, représentant les fissures internes et la fragilité.
- ☐ Une photographie décolorée, où les couleurs vives du passé sont maintenant ternes.
- ☐ Un vêtement rétréci au lavage, qui ne convient plus, symbolisant l'inconfort.
- ☐ Un parapluie cassé, inefficace à protéger contre les orages de la vie.
- ☐ Une tasse ébréchée, utilisable mais coupante.
- ☐ Un chemin plein de ronces, difficile à traverser et éraflant les jambes à chaque pas.
- ☐ Une clé rouillée, incapable d'ouvrir la porte qu'elle ouvre normalement.
- ☐ Autre (décrivez) : ____

____

Si votre guérison future était un objet, lequel serait-il?

- ☐ Un ballon rempli d'hélium : pour alléger le fardeau à porter.
- ☐ Un ruban adhésif coloré : pour réparer les choses brisées avec une touche de créativité.
- ☐ Un flacon d'huile : pour faciliter le mouvement et libérer les entraves avec douceur.
- ☐ Une lampe torche puissante : pour éclairer les zones sombres et trouver son chemin.
- ☐ Une pince à épiler : pour retirer délicatement l'écharde et favoriser la guérison.
- ☐ Une trousse de premiers secours : pour réparer les petits et les grands maux.
- ☐ Un cadre photo neuf : pour encadrer de nouveaux souvenirs heureux.
- ☐ De la peinture fraîche : pour redonner de la couleur à votre vie.
- ☐ Un pull confortable et ajusté : pour vous sentir protégé et à l'aise face aux changements.
- ☐ Un imperméable : pour traverser les tempêtes de la vie bien protégé.
- ☐ Une tasse réparée avec de l'or : pour célébrer la beauté dans la réparation.

- ☐ Des bottes de randonnée solides : pour avancer sur les chemins difficiles avec assurance.
- ☐ Une clé maîtresse : pour ouvrir de nouvelles opportunités et libérer le potentiel bloqué.
- ☐ Autre (décrivez) : ______________________________

____

***

Le **kintsugi** est une ancienne technique japonaise de réparation de céramique, qui célèbre, plutôt que de les dissimuler, les cassures d'un objet. Le terme « kintsugi » peut être traduit par « jointure en or ». Cette méthode de réparation est perçue comme une forme de méditation sur l'impermanence et la beauté des imperfections.

Au lieu de simplement recoller les morceaux cassés comme si rien ne s'était passé, le kintsugi utilise une laque spéciale mélangée avec de l'or. Ce processus ne cache pas les fissures, il les met en valeur, transformant un objet brisé en une œuvre d'art unique. Chaque réparation est visible et rend l'objet encore plus précieux qu'avant sa cassure.

Le kintsugi est profondément enraciné dans la philosophie japonaise du wabi-sabi, qui trouve de la beauté dans l'imperfection, l'acceptation paisible du cycle naturel de croissance et de déclin. En pratique, il nous incite à réfléchir sur les blessures et les guérisons, non seulement dans les objets mais aussi dans la vie personnelle.

***

Tournez la page et commencez la première étape de votre auto-thérapie.

Étape n° 1

Je me souviens de la personne disparue

« Un seul souvenir peut suffire pour que toute une vie resurgisse. »

JOAN DIDION

La question des souvenirs est une question importante pour les personnes qui aspirent à « faire leur deuil ». Deux phénomènes peuvent se produire.

Le premier, c'est la résurgence désordonnée des souvenirs : ces derniers surgissent sans crier gare, accompagnés de chagrin. La personne voit ses pensées envahies par les souvenirs, au point que le passé occupe presque toute la place dans son esprit. Elle ne fait plus que penser au passé, à l'être cher, à tout ce qui a définitivement disparu.
À un niveau ultime, certaines personnes peuvent souffrir de ce que j'appelle l'« ivresse de la nostalgie ». Je peux facilement en parler parce que j'en ai moi-même souffert. La nostalgie agit alors comme un alcool, dans lequel la personne se noie littéralement. Le passé est idéalisé, nettoyé de tous ses défauts, comme un diamant brut que l'on polit. À côté, le présent semble si fade qu'il en devient inintéressant. La personne ne s'intéresse plus à rien, car plus rien ne semble avoir de valeur.

Pour d'autres personnes, le phénomène inverse se produit : elles souffrent d'une impossibilité à se souvenir. C'est comme si le passé leur échappait. Elles peuvent se sentir coupables de ne pas réussir à se souvenir ou pas suffisamment. Tout se passe comme si ne pas se souvenir ou pas suffisamment était un signe de déloyauté. Comme si elles trahissaient l'être cher et disparu. Ces personnes peuvent aussi penser que cette absence de souvenirs fera disparaître totalement l'être cher.

« Faire son deuil », ce n'est pas se noyer dans la nostalgie. Ce n'est pas non plus s'en vouloir de ne pas réussir à se souvenir ou pas suffisamment. « Faire son deuil », c'est apprendre à se souvenir ! C'est apprendre à être actif, c'est-à-dire décider de la manière dont vous allez vous souvenir, de ce dont vous allez vous souvenir et du moment où vous allez vous souvenir. Cet apprentissage consiste à faire rentrer en son lit une rivière qui déborde, ou au contraire à faire jaillir l'eau d'une source qui s'est tarie.

Je vais vous guider à travers différents exercices et questionnements pour apprendre à faire cela. L'objectif est de discipliner progressivement votre esprit pour apprendre à vous recueillir avec douceur. Il est aussi de permettre à l'être cher et disparu de prendre une nouvelle place dans votre vie, une place qui restera importante mais qui n'occupera pas toute votre existence. Car il faut aussi laisser de la place pour autre chose : vos proches, le travail, les loisirs, les activités quotidiennes... Bref, laisser de la place à la vie !

***

Le jardin des souvenirs

Dans un petit village vivait une femme nommée Mireille. Elle était connue pour son magnifique jardin, où elle cultivait des fleurs rares et exotiques que personne d'autre qu'elle n'avait jamais vues. Les habitants du village demandaient souvent à Mireille où elle avait trouvé ces fleurs uniques, mais elle souriait toujours mystérieusement sans répondre.

En vérité, chaque fleur du jardin de Mireille représentait le souvenir d'une personne qu'elle avait aimée et perdue. Quand quelqu'un qu'elle chérissait passait de l'autre côté, Mireille plantait une graine en son honneur. En prenant soin de ces fleurs, elle se souvenait des moments heureux qu'ils avaient partagés.

***

Pouvez-vous me raconter votre premier souvenir avec l'être cher disparu ?

Choisissez maintenant dans cette liste d'odeurs celles qui vous font penser à l'être cher disparu. Ces odeurs peuvent vous rappeler des lieux et des moments particuliers passés avec cette personne ou en rapport avec cette personne.

- ☐ Chocolat
- ☐ Eau de Cologne
- ☐ Gel douche parfumé
- ☐ Pain grillé
- ☐ Vanille
- ☐ Menthe
- ☐ Cuir
- ☐ Cigarette
- ☐ Tabac
- ☐ Encens
- ☐ Terre après la pluie
- ☐ Herbe coupée
- ☐ Sciure de bois
- ☐ Café
- ☐ Thé
- ☐ Sapin
- ☐ Eucalyptus
- ☐ Huile d'olive
- ☐ Huile de tournesol
- ☐ Feu de cheminée
- ☐ Lavande
- ☐ Citron
- ☐ Vieux livres
- ☐ Papier
- ☐ Maquillage
- ☐ Cannelle
- ☐ Pop-corn
- ☐ Steak grillé
- ☐ Vin
- ☐ Vin chaud
- ☐ Rose
- ☐ Miel
- ☐ Thym
- ☐ Peinture fraîche
- ☐ Caramel
- ☐ Amande
- ☐ Talc pour bébé
- ☐ Fruits de mer
- ☐ Fromage
- ☐ Jus d'orange
- ☐ Caoutchouc (comme dans une salle de gym)
- ☐ Feuilles d'automne
- ☐ Bois mouillé
- ☐ Curry
- ☐ Ail ou oignon grillé
- ☐ Essence de gingembre ou de cardamome
- ☐ Chewing-gum
- ☐ Fleur d'oranger
- ☐ Linge chaud sorti du sèche-linge
- ☐ Lessive
- ☐ Odeur corporelle

Est-ce que d'autres odeurs évoquent cet être cher disparu ?

- ☐ Oui
- ☐ Non
- ☐ Je ne sais pas

Si oui, indiquez-les ici :

Choisissez une odeur qui évoque un souvenir très positif avec l'être cher disparu :

Décrivez ce souvenir très particulier. Prenez le temps de bien vous immerger dans ce souvenir en explorant les images, en vous rappelant des sons que vous entendiez et bien sûr des odeurs.

Se souvenir, c'est un acte profondément humain qui permet de maintenir un lien avec ce qui n'est plus. Lorsque nous nous souvenons, nous faisons revivre dans notre esprit et notre cœur ceux qui nous ont quittés, les moments qui se sont écoulés ou les lieux que nous avons aimés. Cette réminiscence est une manière de rendre présent ce qui est absent, de faire vivre à nouveau, même fugacement, des fragments du passé. À travers le souvenir, nous conservons une part de ces absents dans notre vie.

Cependant, ce retour du passé dans le présent par le souvenir doit être abordé avec soin. Il est facile de se laisser happer par la nostalgie, cette mélancolie douce-amère qui nous pousse à désirer ce qui n'est plus. Pourtant, se souvenir ne doit pas signifier se perdre dans le regret. Au contraire, se souvenir, c'est reconnaître la valeur de ce qui a été sans pour autant s'y accrocher de manière excessive. C'est accepter que le passé a façonné qui nous sommes, sans le laisser dominer notre quotidien.

Ainsi, se souvenir devient un acte d'équilibre : il s'agit de maintenir vivants les liens avec le passé sans se laisser submerger par lui. En rendant présent l'absent de manière saine et consciente, nous pouvons enrichir notre existence actuelle tout en respectant la place du passé. Les souvenirs deviennent alors des sources de réconfort et de sagesse, plutôt que des chaînes nous retenant dans un temps révolu. C'est dans cette capacité à se souvenir sans sombrer que réside la clé pour honorer les disparus.

Choisissez parmi les sons suivants ceux qui vous font penser à l'être cher disparu. Ces sons peuvent évoquer des endroits où vous avez vécu ou que vous avez visités. Ils peuvent faire renaître de nombreuses autres sensations. Accueillez-les en vous !

- [ ] Le tic-tac d'une horloge
- [ ] Un rire
- [ ] Les pages d'un livre qu'on tourne
- [ ] Des bruits de pas
- [ ] Une mélodie jouée par un instrument de musique
- [ ] Le bruit des doigts qui tapent sur un clavier d'ordinateur
- [ ] L'eau qui coule dans la douche
- [ ] Le son d'une voix qui fredonne
- [ ] Le sifflement d'une bouilloire
- [ ] Des oiseaux qui chantent à l'aube
- [ ] Le bruit d'une porte qui grince
- [ ] Le son d'un train qui passe au loin
- [ ] Le clapotis de la pluie contre une fenêtre ou sur le toit
- [ ] Le crépitement d'un feu de cheminée
- [ ] Le ronronnement d'un chat

- ☐ Le bruit d'une bouteille qu'on débouche
- ☐ Des applaudissements dans une foule
- ☐ Le bruit des vagues sur la plage
- ☐ Le souffle du vent dans les feuilles des arbres
- ☐ Le gazouillement d'un bébé
- ☐ Un enfant qui pleure
- ☐ Le tonnerre
- ☐ Le grincement d'une balançoire
- ☐ Le bourdonnement d'une abeille
- ☐ Le son d'un moteur de voiture
- ☐ Le son de la neige écrasée sous les pas
- ☐ Le son d'une tasse posée sur une soucoupe
- ☐ Les aboiements d'un chien
- ☐ Le bruit d'un aspirateur
- ☐ Une radio qui passe de vieilles chansons
- ☐ Le bruit d'une canette de soda qu'on ouvre
- ☐ Le bruit des feuilles mortes sous les pieds
- ☐ Le bruit de la respiration pendant le sommeil
- ☐ Un ronflement
- ☐ Le bruit de craquement du bois dans un feu
- ☐ Une sonnette de vélo
- ☐ Le son des ciseaux qui coupent le papier
- ☐ Le bruit d'un avion
- ☐ Le chant du coq
- ☐ Le craquement d'une allumette
- ☐ La mélodie d'une boîte à musique
- ☐ Le son d'un éternuement
- ☐ Le cliquetis d'une cuillère dans une tasse

Est-ce qu'il existe d'autres sons qui pourraient vous faire penser à l'être cher et disparu ?

☐ Oui ☐ Non

☐ Je ne sais pas

Si oui, décrivez :

Choisissez un son qui évoque un souvenir très positif avec l'être cher et disparu :

Décrivez ce souvenir :

Est-ce qu'il y a des chansons qui vous font particulièrement penser à l'être cher et disparu ?

☐ Oui ☐ Non

☐ Je ne sais pas

Pouvez-vous noter le titre d'au moins une de ces chansons ?

Pourriez-vous faire une pause dans votre lecture et prendre le temps d'écouter une de ces chansons ? Décrivez ce que vous ressentez en l'écoutant. Laissez venir à vous les images, les odeurs, les sensations, les émotions, etc.

***

« Quand quelqu'un que vous aimez devient un souvenir, le souvenir devient un trésor. »

Harriet Beecher Stowe

***

Choisissez parmi ces objets ceux qui vous font penser à l'être cher disparu :

- ☐ Un banc
- ☐ Une tasse de chocolat chaud
- ☐ Une paire de lunettes
- ☐ Un chapeau
- ☐ Un tricycle
- ☐ Un pull-over
- ☐ Un ordinateur
- ☐ Un téléphone
- ☐ Des chaussures de randonnée
- ☐ Un cartable
- ☐ Une montre
- ☐ Une collection de timbres
- ☐ Un bonnet
- ☐ Une écharpe
- ☐ Un journal intime
- ☐ Une canne
- ☐ Un cerf-volant
- ☐ Un plaid
- ☐ Une loupe
- ☐ Une boîte de peinture
- ☐ Un mug personnalisé
- ☐ Un livre
- ☐ Un coussin
- ☐ Un carnet de recettes
- ☐ Un bijou
- ☐ Un escabeau
- ☐ Un agenda
- ☐ Un peigne ou une brosse

- ☐ Un tablier
- ☐ Un coffre à outils
- ☐ Un fauteuil à bascule
- ☐ Un pot d'herbes aromatiques
- ☐ Un trousseau de clés
- ☐ Une théière fêlée
- ☐ Une couverture de pique-nique
- ☐ Un ballon dégonflé
- ☐ Une partition usée
- ☐ Une pelote de laine
- ☐ Des bottines d'enfant
- ☐ Un cadre photo
- ☐ Un chapeau de paille
- ☐ Une boîte de biscuits
- ☐ Une marionnette

Est-ce qu'il existe d'autres objets qui pourraient vous faire penser à l'être cher disparu ?

- ☐ Oui
- ☐ Non
- ☐ Je ne sais pas

Si oui, décrivez :

____

____

____

____

____

____

Choisissez un objet qui évoque un souvenir très positif avec l'être cher disparu :

____

Décrivez ce souvenir :

____

____

____

____

____

____

____

***

Le secret des étoiles

Dans un village perché sur une montagne, un garçon nommé Lucas passait ses soirées d'été avec son grand-père, Papi Jules. Chaque nuit, ils s'installaient sur la vieille terrasse en bois pour regarder les étoiles briller dans le ciel. Lucas aimait ces moments de calme, bercé par les histoires que Papi Jules lui racontait.
Un soir, alors que le ciel était particulièrement dégagé, Lucas leva les yeux et demanda :
– Papi, pourquoi les étoiles brillent-elles autant ?
Papi Jules sourit, regardant les étoiles avec tendresse.
– Tu sais, Lucas, beaucoup des étoiles que tu vois là-haut n'existent plus depuis très longtemps. Elles ont vécu leur vie, puis se sont éteintes. Mais leur lumière, elle, continue de voyager à travers l'univers, parfois pendant des milliers d'années, avant d'arriver jusqu'à nous. Ce que tu vois dans le ciel, ce sont les souvenirs lumineux de ce qu'elles étaient.
Lucas resta pensif, absorbé par cette idée. Après un moment, il tourna les yeux vers son grand-père et dit doucement :
– Alors, Papi, même quand tu ne seras plus là, je me souviendrai toujours de toi, et ton souvenir continuera de briller, comme les étoiles.
Papi Jules, ému par les paroles de Lucas, le serra doucement contre lui.
– Oui, mon garçon, c'est exactement ça. Tant que tu garderas ces souvenirs dans ton cœur, ils ne s'éteindront pas.
Sous ce ciel étoilé, Lucas comprit la magie des étoiles : elles étaient plus que de simples points lumineux, elles étaient les messagères du passé, rappelant que rien ne disparaît vraiment tant qu'on s'en souvient.

***

Parmi ces actions, lesquelles vous font penser à la personne disparue :

- ☐ Jardiner
- ☐ Peindre
- ☐ Cuisiner
- ☐ Bricoler
- ☐ Chanter
- ☐ Danser
- ☐ Écrire
- ☐ Pêcher
- ☐ Coudre
- ☐ Lire
- ☐ Voyager
- ☐ Tricoter
- ☐ Jouer d'un instrument de musique
- ☐ Dessiner
- ☐ Nager
- ☐ Photographier
- ☐ Courir
- ☐ Sculpter
- ☐ Marcher
- ☐ Piloter
- ☐ Naviguer
- ☐ Collectionner
- ☐ Réparer
- ☐ Monter à cheval
- ☐ Faire du vélo
- ☐ Organiser
- ☐ Randonner
- ☐ Programmer
- ☐ Surfer
- ☐ Skier
- ☐ Chasser
- ☐ Plonger
- ☐ Boxer
- ☐ Jouer au golf
- ☐ Jogger
- ☐ Méditer
- ☐ Broder
- ☐ Faire de la poterie
- ☐ Raconter des histoires
- ☐ Jouer à des jeux de société
- ☐ Jouer à des jeux vidéo

Est-ce qu'il existe d'autres actions qui pourraient vous faire penser à l'être cher disparu ?

- ☐ Oui
- ☐ Non
- ☐ Je ne sais pas

Si oui, décrivez :

____

____

____

____

____

Choisissez une action qui évoque un souvenir très positif avec l'être cher disparu :

Décrivez ce souvenir :

Pouvez-vous choisir une action parmi celles qu'avait l'habitude de faire l'être cher disparu ? Par exemple, il préparait le café. Pourriez-vous produire ce geste comme si vous étiez cette personne, de la manière la plus proche de la sienne ?

Qu'avez-vous choisi de faire ?

Qu'avez-vous éprouvé en réalisant ce geste ?

***

L'art du recueillement

Je me suis rendu il y a quelques années à Okinawa pour étudier les origines de l'extraordinaire longévité des habitants de cette île du Pacifique. En effet, Okinawa fait partie de ce qu'on appelle les « zones bleues », les cinq endroits de la planète où les personnes vivent le plus vieux.

Ce que j'ai découvert, c'est d'abord **un peuple apaisé dans son rapport à la mort**. Par exemple, chez une famille qui m'a accueilli chez elle, j'ai vu un petit autel dans le salon. Sur ce petit autel étaient posés une photographie et des objets ayant appartenu au père bien-aimé du propriétaire. Chaque jour, il se recueillait pendant quelques minutes.

Il commençait par allumer un bâton d'encens. Puis il s'asseyait sur les genoux, se plaçant face au petit autel. Il pensait alors à son père, cultivant à son endroit la gratitude, se remémorant certains souvenirs, se connectant à lui et à ce qu'il lui avait appris. C'était un moment intense de connexion avec cet être cher disparu.

***

Si vous deviez vous recueillir chaque jour, en vous remémorant des souvenirs concernant l'être cher disparu, à quelle heure pourriez-vous le faire ?

____

Quels objets pourriez-vous utiliser pour faciliter ce recueillement et favoriser l'évocation de bons souvenirs ? Citez-en au moins trois.

1. ______________________________

2. ______________________________

3. ______________________________

4. ______________________________

5. ______________________________

Quelle forme pourrait prendre ce rituel ? Voici quelques idées. Choisissez celle qui pourrait vous convenir.

- [ ] **Moment de silence quotidien :** choisissez un moment précis chaque jour pour observer un moment de silence en l'honneur de la personne disparue. Ce peut être tôt le matin ou le soir.
- [ ] **Allumer une bougie :** allumer une bougie chaque jour à un moment déterminé peut servir de rappel lumineux de la présence de la personne dans vos pensées. La flamme peut symboliser l'esprit de la personne et le processus continu de mémoire et de réflexion.
- [ ] **Tenir un journal :** écrire quelques lignes chaque jour dans un journal dédié à la personne disparue vous permet de vous rappeler des souvenirs ou simplement d'exprimer vos sentiments du jour. Cela peut être thérapeutique et aider à traiter le deuil.
- [ ] **Lecture quotidienne :** si la personne aimait particulièrement un certain type de littérature ou avait des citations favorites, vous pourriez lire un petit passage chaque jour. Cela pourrait être des poèmes, des proverbes ou des extraits de livres.
- [ ] **Écouter une chanson :** si la musique était importante pour elle, consacrez un moment chaque jour à écouter une chanson qu'elle aimait ou qui vous rappelle des moments partagés.
- [ ] **Petit autel ou coin de mémoire :** créez un petit espace chez vous avec des photos, des objets personnels, et peut-être des fleurs ou des pierres. Ce sera l'endroit où vous pourrez vous recueillir, allumer une bougie ou pratiquer votre rituel quotidien.
- [ ] **Promenade ou activité en nature :** si la personne aimait la nature, un rituel peut consister à faire une courte promenade dans un parc ou tout autre lieu en plein air. Ce temps de connexion avec la nature peut être apaisant et propice au recueillement.
- [ ] **Message quotidien :** écrivez un court message ou une pensée pour la personne disparue sur un petit morceau de papier et déposez-le dans une boîte spéciale. Cela peut devenir un rituel de dépôt de pensées, d'espoirs et de souvenirs.

- ☐ **Planter quelque chose en son honneur :** chaque jour, prenez soin d'une plante ou d'un jardin dédié à votre proche. Cela peut être une manière symbolique de nourrir son souvenir, tout comme vous nourrissez la plante.
- ☐ **Réflexion avec des objets personnels :** gardez quelques objets personnels de la personne disparue dans un endroit spécial chez vous. Chaque jour, prenez un moment pour tenir un objet, réfléchir aux souvenirs associés à celui-ci et ressentir la connexion.
- ☐ **Visualisation ou méditation :** intégrez une courte séance de méditation ou de visualisation à votre routine quotidienne, où vous imaginez partager de nouveaux moments avec la personne disparue ou vous vous remémorez des moments passés.
- ☐ **Cuisiner un plat qu'elle appréciait :** préparez une fois par semaine un plat que la personne aimait beaucoup. Ce rituel culinaire peut être une façon de se rappeler et de partager des souvenirs liés à des moments de repas pris ensemble.
- ☐ **Dédier une activité ou un hobby :** si la personne avait un hobby ou une activité favorite, engagez-vous à pratiquer cette activité régulièrement. Que ce soit la peinture, la lecture ou le tricot, cela peut vous connecter à elle de manière active.
- ☐ **Rédiger des lettres :** écrivez des lettres à la personne disparue, en lui racontant votre journée, vos pensées ou comment elle continue d'influencer votre vie. Vous pouvez les conserver dans un endroit spécial ou les lire à voix haute.
- ☐ **Regarder des vidéos ou écouter des enregistrements :** si vous avez des vidéos ou des enregistrements audio de la personne, prenez un moment chaque jour pour les écouter ou les regarder. Cela peut vous aider à vous sentir plus proche d'elle.
- ☐ **Partager des histoires avec d'autres :** créez un moment dans la journée où vous partagez une histoire ou un souvenir de la personne disparue, que ce soit en présence d'autres personnes, ou bien au téléphone ou encore en ligne.

Pour finir, quel type de recueillement voulez-vous mettre en place ?

À partir de quelle date ? Il est important de se fixer une échéance pour commencer quelque chose.

***

« Faire son deuil », c'est apprendre à se souvenir, mais d'une manière intentionnelle et avec douceur et bienveillance, à des moments choisis. C'est, par la force du corps et de l'esprit, faire advenir d'une absence une présence.

***

Étape n° 2

J'apprends à gérer les émotions du deuil

« Les émotions sont le langage de l'âme. »

CARL JUNG

La douleur, qu'elle soit physique ou émotionnelle, fonctionne comme un signal d'alarme. Ce signal nous avertit lorsque quelque chose ne va pas dans notre vie. À l'instar d'une douleur physique qui nous alerte sur une blessure nécessitant une attention médicale, les émotions douloureuses telles que la tristesse, la peur ou la colère agissent comme de véritables « messagers ». Elles nous incitent à examiner nos expériences et nos interactions pour identifier ce qui doit être changé dans nos vies.

Êtes-vous en colère par rapport à ce qui s'est passé ?

- ☐ Oui
- ☐ Non
- ☐ Je ne sais pas

SI oui, sur une échelle de 1 à 10, quel est votre niveau de colère ? Entourez le chiffre qui se rapproche le plus de votre niveau de colère.

1 ------ 2 ------ 3 ------ 4 ------ 5 ------ 6 ------ 7 ------ 8 ------ 9 ------ 10

Pourquoi êtes-vous en colère ? Voici une liste de causes possibles. Cochez les cases qui vous correspondent.

- ☐ **Injustice :** vous percevez la disparition de l'être cher comme prématurée ou injuste, surtout si elle est survenue d'une manière soudaine ou évitable.
- ☐ **Impuissance :** vous vous sentez impuissant face à la perte. Vous êtes en colère contre la situation ou les personnes impliquées.
- ☐ **Regrets :** vous êtes en colère contre vous-même par rapport à des choses que vous n'avez pas eu le temps de dire ou de faire avec la personne disparue.
- ☐ **Remords :** vous êtes en colère contre vous-même par rapport à des choses que vous avez dites ou faites à la personne avant qu'elle ne disparaisse.
- ☐ **Culpabilité :** vous êtes en colère contre vous-même, en ayant le sentiment d'être en partie responsable de ce qui s'est passé.
- ☐ **Stress accumulé :** vous avez accumulé du stress en devant gérer les conséquences du décès, comme l'organisation des obsèques, etc.

- ☐ **Responsabilités :** vous vous retrouvez subitement avec de nouvelles responsabilités, comme prendre soin d'autres membres de votre famille.
- ☐ **Isolement :** vous vous sentez incompris par votre entourage, ce qui entraîne de la colère contre ceux qui semblent ne pas vous offrir le soutien nécessaire.
- ☐ **Réactions des autres :** vous êtes en colère contre d'autres personnes, à cause de leur apparente indifférence ou de leur façon inadaptée de gérer la situation.
- ☐ **Désaccords familiaux :** des tensions ou des conflits familiaux émergent ou s'intensifient à cause de questions d'héritage ou d'autres sujets de discorde.
- ☐ **Perte de chances :** vous ressentez de la colère, car la disparition de l'être cher va vous empêcher de réaliser certains projets personnels (études, voyage, etc.).

Est-ce qu'il y a encore d'autres sources de colère dont vous voudriez parler ? Notez-les ici.

____

____

____

____

____

____

____

____

Est-ce que cet exercice vous aide à mieux comprendre votre colère ?

☐ Oui ☐ Non

☐ Je ne sais pas

Pour chaque case que vous avez cochée, je voudrais que vous notiez, sur une échelle de 1 à 10, le niveau de colère que cette cause spécifique provoque en vous. Cela vous aidera encore à mieux appréhender les causes de votre colère et ses différentes sources.

Pouvez-vous décrire la manière dont vous exprimez votre colère ?

- ☐ Vous criez ou élevez la voix.
- ☐ Vous vous isolez et vous boudez.
- ☐ Vous roulez vite sur la route.
- ☐ Vous vous montrez agressif envers vos proches.
- ☐ Vous vous montrez agressif envers les autres en général.
- ☐ Vous tenez des propos extrêmes sur des sujets de société.
- ☐ Vous vous plaignez souvent en accusant les autres d'être responsables.
- ☐ Vous exprimez votre contrariété en le disant ouvertement.
- ☐ Vous brisez ou jetez des objets.
- ☐ Vous vous battez ou vous montrez violent.
- ☐ Vous parlez de manière sarcastique ou ironique.
- ☐ Vous critiquez ou jugez les autres ouvertement.
- ☐ Vous vous défoulez à travers une activité sportive.
- ☐ Vous écrivez vos pensées dans un journal.
- ☐ Autre (décrivez) : ______________________________

____

Rappelez-vous, la colère est une émotion qui, contrairement aux autres, a toujours besoin de se « fixer » sur une personne. Elle peut se fixer sur des personnes qui ont provoqué cette colère et qui peuvent peut-être la mériter, ou sur des personnes innocentes qui n'ont rien à voir avec la situation. Pensez-vous que votre colère puisse toucher parfois des personnes qui ne le méritent pas ?

☐ Oui ☐ Non

☐ Je ne sais pas

Si oui, décrivez comment cela se passe :

____

____

____

____

____

____

***

Si les causes de colère durant la période de deuil peuvent être nombreuses, c'est parce que la disparition de l'être cher déstabilise tout le système psychologique, économique et social dans lequel la personne évolue. **Les équilibres psychologiques, sociaux ou économiques sont rompus.** La place et le rôle de chacun sont remis en question. Certaines ressources disparaissent. Et cela déstabilise le psychisme.

Ainsi, il n'est pas rare que des familles se déchirent au moment de la disparition de leurs parents. La raison : les personnes en charge de maintenir l'équilibre et de faire régner l'ordre au sein de la famille ne sont plus présentes, laissant le champ libre à l'expression des pulsions de chaque membre de la famille. C'est comme un pays où il n'y aurait plus de lois ou une cathédrale qui aurait perdu sa clef de voûte.

Dans les couples, la perte d'un enfant peut causer un grave traumatisme et remettre en question la relation, d'autant plus si l'un des partenaires accuse l'autre d'être en partie responsable de la situation. Les disputes au sein du couple viennent alors alimenter les souffrances des partenaires. C'est comme une blessure déjà grave qui s'infecte ou un accident qui entraîne un nouvel accident.

C'est la raison pour laquelle certains deuils sont plus difficiles à faire que d'autres, tant des souffrances d'origines diverses viennent se surajouter à la souffrance originelle de la perte. Dans ces situations, il n'y a pas d'autre choix que de traiter un par un chaque sujet, afin de démêler le fil psychologique des souffrances et ses nœuds. Il faut approcher ce véritable chaos émotionnel avec méthode.

La métaphore du labyrinthe prend alors tout son sens.

***

Pour terminer cette séquence, qu'est-ce qui pourrait aujourd'hui apaiser cette colère ? Voici une liste d'idées que vous pouvez ou non reprendre à votre propre compte. L'important est de vous mettre en action. Doucement, mais sûrement, vous devez vous mettre en mouvement et changer certaines choses dans votre vie.

Injustice :

- ☐ Participer à des groupes de soutien où vous pourriez partager vos sentiments avec d'autres qui ont vécu une expérience similaire.
- ☐ Exprimer vos sentiments par l'écriture, la peinture ou toute autre forme d'expression artistique.

Impuissance :

- ☐ Vous engager dans des activités ou des organisations qui luttent contre la cause de la perte (par exemple une association de lutte contre l'insécurité routière).
- ☐ Pratiquer la méditation ou la pleine conscience pour aider à accepter les choses que vous ne pouvez pas changer.

Regrets :

- ☐ Écrire une lettre à la personne disparue pour exprimer tout ce que vous auriez voulu dire ou faire avec elle.
- ☐ Faire seul cette chose que vous rêviez de partager avec la personne disparue, mais en vous recueillant et en célébrant votre relation d'une manière positive.

Remords :

- ☐ Chercher à accepter que le passé ne puisse pas être changé en s'inspirant de philosophes et de penseurs qui ont écrit sur ce sujet.
- ☐ Présenter vos excuses à la personne disparue. Bien sûr qu'elle n'est plus présente pour les entendre, mais c'est important de le faire quand même.

Culpabilité :

- ☐ Vous engager dans des activités de bénévolat ou des projets qui honorent la mémoire de la personne perdue, pour sentir que vous y contribuez positivement.
- ☐ Parler à un ami de confiance, à un membre de la famille ou à un conseiller pour verbaliser vos émotions et obtenir du soutien.

Stress accumulé :

- ☐ Déléguer certaines tâches liées à l'organisation post-décès à d'autres membres de la famille ou à des professionnels qualifiés.
- ☐ Prendre des pauses régulières et pratiquer des techniques de relaxation ou de gestion du stress (hypnose, activité sportive, etc.).

Changement de rôle :

- ☐ Chercher du soutien auprès d'autres personnes qui jouent des rôles similaires au vôtre, soit dans des groupes de soutien, soit en ligne.
- ☐ Consulter un coach de vie ou un conseiller pour mieux adapter et accepter le nouveau rôle et vous l'approprier.

Isolement :

- ☐ Exprimer ouvertement vos besoins à vos proches, en leur expliquant clairement le type de soutien dont vous avez besoin.
- ☐ Rejoindre des communautés en ligne ou locales qui peuvent offrir de l'écoute et du soutien.

Réactions des autres :

- ☐ Communiquer vos sentiments à ceux dont les réactions vous ont blessé, en leur expliquant calmement pourquoi et comment ils peuvent mieux vous soutenir.
- ☐ Vous rappeler que chacun gère le deuil différemment et essayer de comprendre leurs perspectives.

Désaccords familiaux :

- ☐ Recourir à la médiation familiale pour résoudre les conflits de manière constructive et trouver des solutions.
- ☐ Se concentrer sur la communication ouverte et honnête pour éviter les malentendus et les tensions.

Perte de chances :

- ☐ Replanifier ou réajuster vos projets futurs. Il existe d'autres moyens de parvenir à atteindre ses objectifs.
- ☐ Se concentrer sur de nouvelles opportunités ou passions qui peuvent émerger, même dans le contexte de la perte.

Avez-vous d'autres idées ? Vous pouvez les noter ici. Ce qui compte, c'est que vous trouviez vos actions à vous, celles qui vous correspondent et peuvent vous aider à mieux gérer votre colère.

***

Des spécialistes en psychologie de l'université de Nagoya, au Japon, ont publié en 2024 dans la revue *Scientific Reports* les résultats de leur étude sur d'anciennes pratiques japonaises datant du XVIe siècle. Leur recherche s'est concentrée sur **les rites effectués dans le sanctuaire Hiyoshi Jinja**, situé près de Nagoya, où les seigneurs locaux organisaient un festival annuel invitant les participants à exprimer, puis à éliminer leurs ressentiments en inscrivant leurs griefs sur une assiette avant de la briser. Cette étude visait à évaluer l'efficacité de ce rituel de purification mentale sur la colère.

Dans leur expérience moderne, les chercheurs ont impliqué plusieurs étudiants qui devaient rédiger un essai sur des sujets sociaux controversés, comme fumer en public ; après quoi un professeur évaluait les essais de manière très critique. Les étudiants lisaient ensuite les commentaires négatifs et notaient leurs sentiments.

Pour tester l'effet de cette pratique, la moitié des étudiants a jeté ses notes, tandis que l'autre moitié devait les conserver. Les résultats ont montré une différence significative dans les niveaux de colère : les étudiants ayant jeté leurs notes ont retrouvé un niveau de calme initial, tandis que ceux qui les avaient conservées ont maintenu un niveau élevé de colère, confirmant ainsi les bienfaits de la destruction symbolique des ressentiments pour l'apaisement mental.

Pour vous inspirer de cette expérience, je vous propose de noter toutes les causes de votre colère actuelle sur une feuille puis de déchirer cette feuille ou de la brûler.

***

Avez-vous des peurs qui sont apparues depuis la disparition de l'être cher ?

- ☐ Oui
- ☐ Non
- ☐ Je ne sais pas

Si oui, sur une échelle de 1 à 10, quel est votre niveau de peur actuellement ? Entourez le chiffre qui se rapproche le plus de votre niveau de peur.

1 ------ 2 ------ 3 ------ 4 ------ 5 ------ 6 ------ 7 ------ 8 ------ 9 ------ 10

Pourquoi avez-vous peur ? Regardez dans la liste suivante les différentes situations exposées. Cochez celles qui vous correspondent.

- ☐ **Peur de l'oubli :** vous craignez que les souvenirs de la personne disparue s'effacent avec le temps ou qu'elle soit oubliée par les autres.
- ☐ **Peur de la solitude :** vous craignez d'être seul, surtout si la personne décédée était un partenaire de vie ou un membre de la famille très proche.
- ☐ **Peur de sa propre mort :** la perte peut rendre sa propre finitude plus concrète et susciter une peur de la mort ou de ce qui se passe après la mort.
- ☐ **Peur de ne pas réussir à gérer le quotidien :** vous craignez de ne pas être capable d'assumer certaines tâches sans le soutien de la personne disparue.
- ☐ **Peur de la douleur émotionnelle :** vous craignez que la douleur du deuil ne s'atténue jamais ou que vous ne soyez pas capable de surmonter la tristesse.
- ☐ **Peur des changements de vie :** vous craignez les changements inévitables dans votre vie personnelle, professionnelle ou sociale après la perte.
- ☐ **Peur de l'effondrement familial ou social :** vous craignez que votre famille ou le cercle social ne survive pas à la disparition de l'être cher.
- ☐ **Peur de ne pas rendre hommage adéquatement :** vous craignez de ne pas honorer correctement la mémoire de la personne disparue.
- ☐ **Peur des futures pertes :** vous craignez que d'autres malheurs surviennent et que d'autres personnes que vous aimez disparaissent.
- ☐ **Peur des réactions des autres :** vous craignez la façon dont les autres vont réagir à leur propre processus de deuil ou juger votre manière de gérer la perte.

Notez pour les situations cochées le niveau de peur, sur une échelle de 1 à 10, qui y est associé.

Avez-vous d'autres peurs que celles exposées précédemment ?

- ☐ Oui
- ☐ Non
- ☐ Je ne sais pas

Si oui, pouvez-vous les décrire ?

____

____

____

____

____

____

____

Comment s'expriment vos différentes peurs ?

- ☐ Vous évitez les situations ou les lieux qui vous effraient.
- ☐ Vous tremblez ou avez des frissons.
- ☐ Vous ressentez des palpitations ou un rythme cardiaque accéléré.
- ☐ Vous avez des sueurs froides.
- ☐ Vous éprouvez de la difficulté à parler ou votre voix change (tremblements, bégaiement).
- ☐ Vous pleurez ou vous vous sentez submergé par l'émotion.
- ☐ Vous riez nerveusement.
- ☐ Vous avez des maux de ventre ou des nausées.
- ☐ Vous faites des cauchemars ou avez des pensées obsessionnelles liées à vos peurs.
- ☐ Vous exprimez verbalement vos inquiétudes ou vos craintes.
- ☐ Vous vous figez sur place ou avez du mal à bouger.
- ☐ Vous ne pouvez plus pratiquer certaines activités.
- ☐ Vous ne pouvez plus emprunter certains moyens de transport.
- ☐ Autre (décrivez) : ______________________

____

Est-ce que ces peurs vous empêchent de vivre une vie normale ?

- [ ] Oui
- [ ] Non
- [ ] Je ne sais pas

Si oui, décrivez en quoi :

____
____
____
____
____
____
____
____
____
____
____
____
____
____

Que pourriez-vous faire, concrètement, pour essayer de réduire ces peurs et trouver un soulagement ? Voici quelques idées réunies par thématiques. Ce sont juste des idées, à vous de trouver vos propres actions. L'important encore une fois est de vous mettre en mouvement, même si cela est difficile.

Peur de l'oubli :

- [ ] Créer un album photos dédié à la personne disparue.
- [ ] Organiser des réunions annuelles en mémoire de la personne.

Peur de la solitude :

- [ ] Vous inscrire dans un club ou à une activité pour rencontrer d'autres personnes.
- [ ] Adopter un animal de compagnie.

Peur de votre propre mort :

- ☐ Rédiger ou mettre à jour votre testament et vos directives anticipées.
- ☐ Créer un programme pour profiter de chaque jour qu'il vous reste.

Peur de ne pas réussir à gérer le quotidien :

- ☐ Établir un programme hebdomadaire ou quotidien pour structurer vos journées.
- ☐ Demander de l'aide à des amis, des membres de la famille ou des professionnels.

Peur de la douleur émotionnelle :

- ☐ Apprendre et pratiquer des techniques de gestion du stress et de relaxation.
- ☐ Vous autoriser à pleurer et exprimer vos émotions sans jugement.

Peur des changements de vie :

- ☐ Prendre des décisions sans vous précipiter dans vos choix sur des changements majeurs.
- ☐ Prendre conseil auprès d'un coach pour être accompagné dans vos prises de décision.

Peur de l'effondrement familial ou social :

- ☐ Encourager la communication ouverte et honnête au sein de la famille.
- ☐ Proposer des réunions familiales régulières pour maintenir les liens.

Peur de ne pas rendre hommage adéquatement à la personne disparue :

- ☐ Planifier une cérémonie qui reflète vraiment les souhaits de la personne disparue.
- ☐ Impliquer d'autres personnes qui connaissaient bien le défunt dans son organisation.

Peur des futures pertes :

- ☐ Profiter de chaque moment qui passe avec les personnes que vous aimez.

- ☐ Vous concentrer sur le renforcement des relations existantes.

Peur des réactions des autres :

- ☐ Être clair sur le type de soutien dont vous avez besoin et le communiquer.
- ☐ Reconnaître que chacun a sa propre façon de réagir au deuil et rester ouvert.

Avez-vous d'autres idées ? Vous pouvez les noter ici. Ce qui compte, c'est que vous trouviez vos actions à vous, celles qui vous conviennent et peuvent vous aider à apaiser vos peurs.

***

La troisième fois

Charlie Chaplin, un jour qu'il se tenait devant un public, décida de raconter une blague. Dès qu'il prononça les mots, la salle fut prise de rire. Tout le monde riait aux éclats, savourant l'humour et l'esprit de l'artiste.

Chaplin, observant ces réactions, attendit un moment puis, avec le même sourire malicieux, raconta exactement la même blague une seconde fois. Cette fois-ci, les rires furent moins nombreux. Quelques personnes dans le public esquissèrent un sourire ou laissèrent échapper un petit rire, mais l'effet n'était plus le même.

Sans se laisser démonter, Chaplin répéta encore une fois la blague, pour la troisième fois. Cette fois, le silence régna dans la salle. Personne ne rit, certains se regardaient avec perplexité, se demandant ce que cela signifiait. Le public semblait avoir perdu l'enthousiasme initial, incapable de trouver l'humour dans une blague qu'ils avaient déjà entendue plusieurs fois.

C'est alors que Chaplin, avec un regard empreint de sagesse et une voix douce, leur adressa ces mots profonds :

– Si vous ne pouvez pas rire à plusieurs reprises de la même blague, pourquoi continuez-vous à pleurer encore et encore pour la même douleur et le même chagrin ?

Ses paroles résonnèrent profondément dans le cœur des spectateurs. Il leur faisait comprendre que, tout comme une blague perd son effet lorsqu'elle est répétée, les douleurs et les chagrins de la vie, si on s'y accroche sans fin, finissent par nous peser et nous empêcher d'avancer. Chaplin leur montrait que, bien que la douleur soit inévitable, s'y accrocher indéfiniment apporte plus de souffrance. Comme on cesse de rire d'une blague déjà entendue, il est nécessaire d'apprendre à lâcher prise sur nos peines pour permettre à la vie de continuer.

***

Sur une échelle de 1 à 10, quel est votre niveau de tristesse ? Entourez le chiffre qui se rapproche le plus de votre niveau de tristesse.

1 ------ 2 ------ 3 ------ 4 ------ 5 ------ 6 ------ 7 ------ 8 ------ 9 ------ 10

Quelles sont les raisons de votre tristesse ? Je vais vous en présenter plusieurs, car plusieurs formes de tristesse peuvent se surajouter à celle de la perte.

- ☐ **Le manque physique :** une sensation de vide et de manque intense due à l'absence physique de la personne disparue.
- ☐ **L'impossibilité de partager :** un sentiment qui survient lorsque l'on comprend que la personne disparue n'est plus là pour partager les joies et les peines quotidiennes.
- ☐ **Le « nevermore » :** une tristesse qui survient en se remémorant les bons moments passés avec la personne quand on prend conscience qu'on ne pourra plus en vivre de nouveaux.
- ☐ **Le délitement :** une tristesse qui survient lorsqu'on a l'impression que tout ce que l'on a mis si longtemps à construire se délite, comme la famille.
- ☐ **Des comportements irrespectueux :** une tristesse qui naît quand on voit poindre chez des gens qu'on aime des comportements irrespectueux ou inadaptés.

La tristesse est par nature l'émotion de l'impuissance. On l'éprouve face à tout ce qui nous semble ne pas pouvoir être changé. Est-ce qu'il y a d'autres choses qui vous rendent triste par rapport à cette situation ?

☐ Oui ☐ Non

☐ Je ne sais pas

Si oui, pouvez-vous les décrire ?

____

____

____

____

____

***

Au cours de ma carrière de thérapeute, j'ai pu observer un mécanisme presque systématique sur le plan psychologique. **Chaque changement important dans la vie des gens agit comme un révélateur de la nature humaine.**

La nature humaine est composée de deux faces :

– Sa « lumière ». C'est ce que nous voulons penser de l'être humain : bon, généreux, respectueux, loyal, empathique, etc. Plus nous sommes idéalistes et plus cette vision est importante pour nous.

– Son « ombre ». C'est ce qu'est l'être humain réellement. L'être humain est composé de sa « lumière », mais aussi de parts moins glorieuses. Il peut se montrer méchant, cupide, déloyal, infidèle et commettre des trahisons.

J'ai remarqué qu'à chaque événement ou changement important, la plupart des êtres humains révèlent leur part d'ombre. Or voir cette part d'ombre chez des personnes que l'on aime beaucoup peut constituer un véritable traumatisme.

C'est ce qui se passe lorsque, juste après la mort d'un parent, on voit apparaître chez les enfants de la fratrie des comportements qui visent à s'approprier les objets personnels de la personne disparue, ils sont trop pressés de recevoir leur héritage.

Percevoir ces comportements est profondément déstabilisant, car ils viennent bousculer nos croyances sur la nature humaine ou des institutions comme la famille. Or ces croyances sont ce qui organise notre rapport à la vie, et à la vie en société.

Un certain nombre de dépressions sont dues à cette découverte sidérante. Tout le système psychique de la personne est déstabilisé, comme une maison qui aurait perdu une partie de ses fondations et menacerait de s'écrouler.

***

Est-ce que vous avez perçu des comportements qui remettent en question certaines croyances que vous avez sur la nature humaine ?

☐ Oui ☐ Non

☐ Je ne sais pas

Si oui, décrivez :

Est-ce que certains de vos proches ont révélé leur part d'ombre au travers de cet événement en adoptant des comportements qui vous ont surpris ou que vous avez jugés irrespectueux, malhonnêtes ou déloyaux ?

☐ Oui ☐ Non

☐ Je ne sais pas

Si oui, décrivez :

Si vous avez été confronté à ce type de situations, diriez-vous que cela vous déstabilise, voire que cela aurait pu créer un traumatisme ?

☐ Oui ☐ Non

☐ Je ne sais pas

Si oui, décrivez :

Il existe une émotion qui est rarement considérée comme telle et qui pourtant constitue une véritable émotion, il s'agit de la confiance. Diriez-vous que ce à quoi vous avez assisté a altéré votre confiance dans l'autre ou en vous-même ?

☐ Oui ☐ Non

☐ Je ne sais pas

Si oui, décrivez :

***

La Forêt des cœurs perdus

Il était une fois une jeune fille nommée Eléa qui vivait dans un petit village. Eléa était connue pour sa gentillesse et son dévouement envers les autres. Elle aidait toujours les personnes dans le besoin, offrant son temps sans compter. Cependant, un jour, elle fut trahie par des amis proches qui l'accusèrent injustement d'avoir causé du tort au village. Brisée par cette injustice, Eléa fut rejetée par ceux qu'elle aimait. Le cœur lourd, elle s'enfuit dans la forêt.

Cette forêt était appelée la Forêt des cœurs perdus. Un lieu mystérieux où les âmes blessées cherchaient refuge lorsqu'elles perdaient foi en l'humanité. Eléa, envahie par la douleur et l'amertume, errait seule parmi les arbres, se promettant de ne plus jamais faire confiance à personne. La trahison qu'elle avait subie avait durci son cœur. Elle se construisit une petite cabane au fond de la forêt, où elle se retira du monde.

Un jour, alors qu'elle marchait sans but dans les profondeurs de la forêt, Eléa rencontra une vieille femme vêtue d'un manteau de mousse et de lianes. Cette femme, qui se nommait Mère Sylva, était la gardienne de la forêt et elle connaissait chaque secret de ce lieu ancien. Voyant la tristesse dans les yeux d'Eléa, Mère Sylva s'approcha d'elle avec bienveillance et lui demanda d'une voix douce :

– Ma chère enfant, pourquoi es-tu ici, dans cette forêt sombre et froide ?

Eléa, incapable de contenir sa peine, lui raconta son histoire : la trahison de ses amis, l'accusation injuste et sa décision de ne plus jamais faire confiance à quiconque.

Mère Sylva l'écouta attentivement, puis lui dit :

– Ta douleur est profonde, Eléa, mais elle ne doit pas te condamner à une vie de solitude. Viens avec moi et je te montrerai quelque chose d'important.

Intriguée mais un peu réticente, Eléa suivit la vieille femme jusqu'à une clairière cachée au cœur de la forêt. Là se dressait un arbre gigantesque, dont les branches majestueuses semblaient toucher le ciel. Ce n'était pas un arbre ordinaire ; ses fruits avaient la forme de cœurs lumineux, brillant d'une douce lueur dorée.

– Ceci est l'Arbre des cœurs, expliqua Mère Sylva. Chaque cœur que tu vois ici appartient à quelqu'un qui a choisi de pardonner, de se réconcilier avec l'humanité, malgré les blessures qu'il a endurées. Ces cœurs, autrefois lourds de douleur, ont retrouvé la paix en laissant aller leur rancœur.

Eléa observa les cœurs lumineux, fascinée. Mère Sylva poursuivit :

– Pardonner ne signifie pas oublier ou excuser ce qui t'a été fait. Cela signifie simplement choisir de ne plus laisser la douleur diriger ta vie. Tu peux laisser ta colère t'enfermer ici, ou bien tu peux offrir ton cœur à cet arbre et le laisser guérir.

Eléa resta silencieuse, réfléchissant à ces paroles. Elle comprit que sa colère l'avait isolée, l'empêchant de vivre pleinement. Doucement, elle s'approcha de l'Arbre des cœurs, ferma les yeux et laissa aller toute la peine et l'amertume qui avaient envahi son cœur.

À cet instant, Eléa sentit un poids se dissiper en elle. Elle comprit que pardonner était un acte de libération, une manière de se réconcilier avec soi-même et avec le monde. La lumière douce des cœurs sembla l'envelopper, et pour la première fois depuis longtemps, Eléa sentit la paix revenir en elle.

***

Étape n°3

J'identifie les besoins sous-jacents et j'y réponds

« Nous sommes attirés par ceux qui possèdent les ingrédients pour nous aider à guérir de nos blessures les plus profondes et à nous développer au maximum. »

HARVILLE HENDRIX

***

La gardienne de la fontaine et le charpentier

Il était une fois une femme nommée Mira qui vivait seule dans un vaste désert. Mira était la gardienne d'une fontaine mystérieuse, cachée dans une oasis que personne à part elle ne connaissait. Cette fontaine avait le pouvoir de fournir de l'eau indéfiniment. C'était une source précieuse dans ce désert brûlant et aride.

Un jour, un voyageur qui se prénommait Armand et qui était charpentier trouva par hasard l'oasis. Assoiffé et à bout de forces, il s'effondra aux pieds de Mira, implorant de l'eau. Ses lèvres étaient desséchées par la chaleur implacable du désert. Mira, voyant son état désespéré, lui offrit aussitôt l'eau de sa fontaine.

Armand but avidement et retrouva peu à peu ses forces. Il regarda Mira avec une immense gratitude. Cette femme lui avait sauvé la vie. Armand, reconnaissant, décida de rester auprès de Mira pour l'aider. Cela tombait bien car Mira désirait réparer le toit de sa maison, abîmé par une tempête, ce qu'elle ne pouvait faire seule.

Au fur et à mesure que Mira et Armand passaient du temps ensemble, ils commencèrent à s'apprécier et finirent par tomber amoureux. Les semaines, les mois et les années passèrent, chacun ayant trouvé sa place dans cette oasis isolée, où l'entraide était importante, jusqu'à ce que Mira tombe malade et meure subitement.

Lorsque Mira mourut, Armand pleura toutes les larmes de son corps. Il ne pouvait supporter sa perte. Malheureusement, à cette peine s'ajouta bientôt une autre. Car Mira, avant de mourir, n'avait pas eu le temps de révéler à Armand où se trouvait la mystérieuse fontaine. Et il n'avait aucune idée de là où elle se trouvait.

Aussi, en plus de la douleur d'avoir perdu Mira, Armand commença à souffrir de la soif.

***

Comme dans l'histoire d'Armand et de Mira, toute relation est à la fois basée sur des sentiments et la réponse à certains besoins. Bien sûr, nous n'avons pas toujours conscience des besoins auxquels nos proches répondent. L'un nous écoute, nous conseille et nous réconforte en cas de difficulté. Un autre nous offre de beaux cadeaux et nous prête de l'argent quand nous en avons besoin. Un autre encore est toujours prêt à nous rendre service, pour bricoler, nous emmener quelque part, s'occuper de nos papiers...

Très souvent, nous ne nous rendons compte des besoins que satisfaisaient nos proches que lorsqu'ils disparaissent. Nous sommes alors, comme Armand dans l'histoire, confrontés à deux souffrances :
- la souffrance de la perte et de l'absence de l'être cher disparu,
- et la souffrance des besoins essentiels qu'il satisfaisait.

Rappelez-vous, Armand est confronté à la souffrance de la perte de Mira et en même temps au manque d'eau, qui se fait rapidement sentir. C'est un besoin vital, au point de menacer sa vie.

Voici quelques exemples de besoins qui peuvent ne plus être satisfaits, après un décès, et des souffrances qui en découlent.

AVANT LA PERTE	APRÈS LA PERTE
Un père qui jouait le rôle d'un confident, offrant soutien, conseil et compréhension.	Le sentiment d'être seul face aux difficultés, perdu, sans repère.
Un frère ou une sœur avec qui l'on pratiquait un sport et l'on partageait de nombreux loisirs.	L'ennui, le sentiment que notre vie personnelle n'a plus d'intérêt.
Un enfant dont on prenait soin, que l'on éduquait, qui était un prolongement de soi.	L'impossibilité à prendre soin, à transmettre, le sentiment de sa propre finitude.

AVANT LA PERTE	APRÈS LA PERTE
Un fils ou une fille qui rendait service (bricolage, gestion administrative, déplacement en voiture).	Un sentiment d'incompétence, d'enfermement, la peur de ne pas y arriver.
Une grand-mère qui nous cuisinait de bons petits plats et prenait soin de nous.	L'impression d'être coupé de ses racines, de ne plus recevoir un amour inconditionnel.

L'impossibilité de percevoir cette souffrance liée aux besoins peut être accentuée au moment du décès par la culpabilité. Non seulement la personne peut souffrir du fait que ses besoins (financiers, matériels et psychologiques) ne soient plus satisfaits, mais en plus elle risque de se sentir coupable d'en souffrir. Elle peut alors tenter de refouler cette souffrance dans son inconscient.

Dans notre culture, il est difficilement acceptable de considérer que les relations sont aussi fondées sur le besoin. Je me souviens d'avoir accompagné une jeune fille qui avait perdu son père dans un grave accident. Celui-ci était décédé au moment où elle devait commencer des études supérieures coûteuses, que son père avait accepté de financer. Dans sa souffrance, il y avait à la fois :
– la souffrance de l'absence de ce père aimé,
– mais aussi celle qu'elle tentait de refouler dans son inconscient, liée à l'impossibilité de pouvoir financer ses futures études. Le décès de son père la contraignait à y renoncer.

L'objectif de cette troisième étape est d'aborder ce sujet délicat, sans jugement, pour aller explorer cette souffrance liée aux besoins. Mon objectif est de vous guider sur le chemin de l'apaisement. Dans ce but, nous devrons trouver ensemble une nouvelle manière de répondre à vos besoins, sans pour autant tomber dans le piège de la culpabilité. Ce moment de réflexion est un temps fort de cette auto-thérapie. Elle peut bousculer émotionnellement. C'est un déclencheur de croissance personnelle.

J'invite les personnes qui doivent faire le deuil d'un enfant, alors qu'il était jeune, à se reporter à la partie dédiée à cette situation très particulière, située à la fin de ce chapitre. La perte d'un enfant jeune fait appel à des besoins différents de ceux mis en jeu dans les autres types de relations. En effet, dans ce cas, ce sont surtout les besoins de prendre soin, d'aimer, d'éduquer qui sont insatisfaits. Autrement dit, avoir un enfant répond à des besoins spécifiques par rapport aux autres relations.

***

Mes expériences d'accompagnement m'ont montré que **le degré de souffrance d'une personne confrontée à un deuil dépend en grande partie de la quantité et de l'importance des besoins que satisfaisait l'être cher disparu.** Bien sûr, d'autres facteurs influent sur ce degré de souffrance, mais la question des besoins est prépondérante.

Le processus de deuil va être aussi plus compliqué. Non seulement la personne doit composer avec la souffrance de la perte, mais aussi avec la souffrance de ses besoins, qui demeurent désormais insatisfaits. Cela est d'autant plus vrai si la personne n'a pas conscience de ses besoins et du manque qui en résulte.

***

Avez-vous conscience que l'être cher disparu satisfaisait certains de vos besoins, dont certains peuvent être essentiels ?

☐ Oui ☐ Non

☐ Je ne sais pas

Explorons ensemble quels pourraient être ces besoins. Il y en a forcément. Si vous n'en avez pas conscience, c'est seulement que vous n'y avez pas encore assez réfléchi. Pour vous aider, je vous propose d'avancer dans votre réflexion en vous appuyant sur les sept besoins fondamentaux des êtres humains. Commencez par les découvrir sur cette pyramide.

Ne tenez pas compte de leur ordre d'apparition sur la pyramide. L'importance d'un besoin est subjective et ne dépend pas du rang dans la pyramide.

Quels sont mes besoins ?

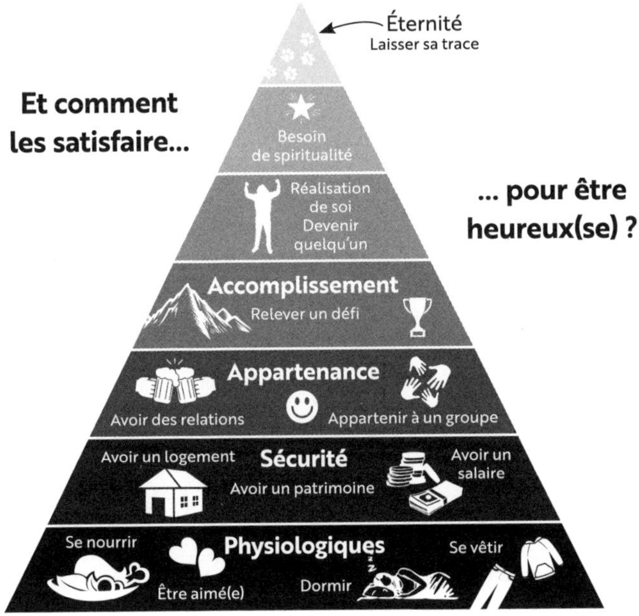

Commençons par évoquer vos besoins physiologiques. L'être cher disparu :

- ☐ Vous cuisinait de bons petits plats.
- ☐ Vous permettait de mieux dormir par sa présence rassurante.
- ☐ Vous faisait des câlins et vous donnait de l'affection.
- ☐ Vous procurait du plaisir charnel et/ou sexuel.
- ☐ S'occupait de la maison en veillant à ce que tout soit propre et bien en ordre.
- ☐ S'occupait de l'intendance en faisant les courses et en gérant les comptes.

☐ Vous conduisait en voiture pour pratiquer vos activités.
☐ Veillait sur votre santé et votre bien-être physique et psychologique.
☐ Vous aidait à faire votre toilette ou à réaliser certaines actions essentielles.
☐ Autre (décrivez) : ____

____

***

Les besoins physiologiques sont les besoins les plus fondamentaux des êtres humains. Ils renvoient à des besoins essentiels tels que manger, boire, dormir ou faire sa toilette… Mais ils renvoient aussi aux besoins d'affection, de contact physique ou encore à la sexualité, autant de choses qu'on ne peut pas faire seul.

***

Pouvez-vous décrire plus précisément à quels besoins physiologiques répondait l'être cher disparu ? Prenez le temps de décrire exactement ce qui se passait. Par exemple, s'il vous cuisinait de bons petits plats, racontez lesquels. S'il vous donnait de la tendresse, décrivez comment et dans quel contexte. Expliquez ce que vous ressentez maintenant qu'il ne peut plus le faire.

____

____

____

____

____

____

____

____

____

____

____

Maintenant, évoquons vos besoins de sécurité. L'être cher disparu :

- ☐ Vous procurait un sentiment de protection contre les agressions.
- ☐ Vous soutenait émotionnellement dans des situations de stress ou d'angoisse.
- ☐ Vous assurait une sécurité financière grâce à ses revenus ou à sa bonne gestion.
- ☐ Vous fournissait un toit du fait que vous viviez dans son logement.
- ☐ Vous guidait dans la prise de certaines décisions importantes.
- ☐ Vous offrait un soutien physique en cas de maladie ou de besoin.
- ☐ Vous apportait un sentiment de stabilité et de constance dans la vie quotidienne.
- ☐ Vous aidait à maintenir des liens sociaux et des relations familiales.
- ☐ Vous conseillait ou vous rassurait face aux incertitudes de la vie.
- ☐ Autre (décrivez) : ______________________________

____

***

Le besoin de sécurité est un besoin essentiel. Si vous souhaitez savoir si ce besoin était satisfait par l'être cher disparu, vous devez vous poser cette question : maintenant qu'il n'est plus là, est-ce que j'ai plus peur qu'avant ? Est-ce que je me sens plus angoissé qu'auparavant ? Si la réponse est positive, c'est que l'être cher disparu vous procurait un sentiment de sécurité physique et/ou psychologique.

***

Vous considérez-vous comme une personne peureuse ?

☐ Oui ☐ Non

☐ Je ne sais pas

Vous sentez-vous facilement stressé ou angoissé ?

☐ Oui ☐ Non

☐ Je ne sais pas

Est-ce que l'être cher disparu vous aidait à mieux gérer vos peurs, votre stress et vos angoisses par sa présence, ses paroles ou sa posture ?

- ☐ Oui
- ☐ Non
- ☐ Je ne sais pas

Si oui, décrivez précisément comment. Que ressentiez-vous par rapport à cela en sa présence ?

____

____

____

____

____

____

____

____

____

____

Je vous propose maintenant d'évoquer votre besoin d'appartenance sociale, dans un premier temps, horizontale. L'être cher disparu vous :

- ☐ Donnait le sentiment d'appartenir à une famille, à un clan ou à une communauté.
- ☐ Offrait une relation d'amitié et de franche camaraderie.
- ☐ Fournissait des occasions de pratiquer certaines activités que vous ne faites plus.
- ☐ Offrait des occasions de conversation, d'échange sincère et d'écoute.
- ☐ Faisait bénéficier de ses propres réseaux de relations pour soutenir vos projets.
- ☐ Aidait à renforcer vos liens avec d'autres membres de votre cercle intime.
- ☐ Encourageait à participer à des événements sociaux ou culturels.
- ☐ Apportait un soutien dans les moments de solitude ou d'isolement.
- ☐ Partageait avec vous des valeurs, des croyances ou des traditions.
- ☐ Autre (décrivez) : ______________________________

____

***

Le besoin d'appartenance sociale horizontale correspond au besoin de contacts humains. Mais d'une manière plus large, il a trait à tout ce qui concerne l'identité. Avoir le sentiment d'appartenir à une famille ou d'être un couple peut être un besoin chez certaines personnes. Il est facile de deviner si ce besoin existe en regardant ce qui est écrit sur la boîte aux lettres de ces personnes. S'il est écrit le nom de chaque personne, cela signifie que ce besoin est faible. Mais s'il est écrit « Famille Durand » ou « Famille Dupond », alors cela signifie que la personne qui a créé cette étiquette a un fort besoin d'appartenance horizontale.

***

Est-ce que vous êtes une personne qui aime être seule ?

- ☐ Oui
- ☐ Non
- ☐ Je ne sais pas

Sur une journée de 24 heures pendant laquelle vous ne dormiriez pas, vous préféreriez :

- ☐ Passer 18 heures tout seul et 6 heures avec d'autres personnes, même si vous ne les connaissez pas.
- ☐ Passer 6 heures tout seul et 18 heures avec d'autres personnes, même si vous ne les connaissez pas.
- ☐ Je ne sais pas.

Comment vous sentez-vous quand vous êtes seul pendant longtemps ?

- ☐ Très bien
- ☐ Bien
- ☐ Mal
- ☐ Très mal
- ☐ Je ne sais pas

Si vous vous sentez mal ou très mal, comment se manifeste votre mal-être quand vous restez seul trop longtemps ? Est-ce que vous êtes stressé ? Angoissé ? Apathique ? Décrivez :

____

____

____

____

____

____

____

Est-ce que l'être cher disparu vous aidait à vous sentir moins seul ?

- ☐ Oui
- ☐ Non
- ☐ Je ne sais pas

Si oui, décrivez comment :

____

____

____

____

____

____

____

Parlons maintenant de vos besoins d'appartenance verticale. L'être cher disparu vous :

- ☐ Faisait bénéficier d'un certain prestige par son statut ou sa profession.
- ☐ Donnait une place particulière et élevée dans la hiérarchie sociale.
- ☐ Offrait une reconnaissance sociale grâce à ses accomplissements ou à ses relations.
- ☐ Permettait d'accéder à des cercles exclusifs, qui étaient autrement inaccessibles.
- ☐ Offrait une influence ou un pouvoir social grâce à sa position ou ses contacts.

- ☐ Vous donnait un sentiment de fierté et de respectabilité dans la société.
- ☐ Facilitait l'accès à des opportunités professionnelles ou économiques avantageuses.
- ☐ Inspirait admiration ou respect de la part des autres, grâce à ses qualités ou réalisations.
- ☐ Était perçu comme un modèle ou un mentor influent dans votre communauté.
- ☐ Autre (décrivez) : ______________________________

____

***

Le besoin d'appartenance sociale verticale est un besoin dont l'importance est souvent sous-estimée. Cela est d'autant plus vrai en France où l'impératif d'égalité est très fort. Il est donc d'autant plus difficile d'en avoir conscience et surtout d'exprimer le fait que l'on peut souffrir quand ce besoin reste insatisfait. Or oui, on peut souffrir de cette perte de valeur provoquée par le décès d'un père, d'une mère ou d'un conjoint riche ou réputé (sachant qu'on peut être riche ou réputé à différentes échelles – un village ou une ville, un domaine d'activité, une petite communauté d'experts, etc.).

***

Est-ce que vous avez besoin d'être valorisé par les autres pour vous sentir bien ?

☐ Oui ☐ Non

☐ Je ne sais pas

Est-ce que vous portez des vêtements ou des accessoires de grande marque ?

☐ Oui ☐ Non

Est-ce que vous conduisez une voiture d'une grande marque ?

☐ Oui ☐ Non

Est-ce que l'être cher et disparu vous aidait à être valorisé ? Est-ce que vous vous sentiez fier de parler de cette personne aux gens que vous rencontriez, de ce qu'elle avait accompli ou faisait comme profession ?

☐ Oui ☐ Non

☐ Je ne sais pas

Si oui, décrivez :

____
____
____
____
____
____
____
____

Est-ce que vous avez le sentiment que depuis que l'être cher est parti, vous avez moins de valeur aux yeux des autres ?

☐ Oui ☐ Non

☐ Je ne sais pas

Si oui, décrivez :

____
____
____
____
____
____
____
____
____

***

Le roi et le sculpteur

Il était une fois, dans un royaume lointain, un roi nommé Haron. Ce roi était obsédé par son prestige et sa renommée. Tout ce qu'il désirait, c'était être le monarque le plus respecté et admiré de tous les temps. Pour cela, il faisait sculpter des statues de lui-même partout dans le royaume, érigeait des monuments à sa gloire et organisait de grandes fêtes pour impressionner les autres royaumes. Mais malgré tous ses efforts, il sentait toujours un vide. Il ne se pensait pas suffisamment honoré ou respecté par son peuple. Il ressentait une sorte de distance froide entre lui et ceux qu'il gouvernait.

Un jour, alors qu'il parcourait le marché déguisé pour entendre ce que ses sujets pensaient vraiment de lui, il entendit parler d'un sculpteur humble et talentueux nommé Elias, connu pour créer des œuvres d'une beauté et d'une profondeur extraordinaires. Ses statues n'étaient pas seulement réalistes ; elles semblaient capturer l'essence même de l'âme humaine. Intrigué, le roi Haron décida de le rencontrer.

Lorsqu'il arriva à l'atelier d'Elias, il fut surpris par la simplicité du lieu. Elias n'était pas impressionné par la richesse du roi ni par ses nombreuses demandes de statues à son image. Au lieu de cela, il écouta patiemment le roi et lui proposa un marché :

– Majesté, je peux vous sculpter une statue qui immortalisera votre image. Mais avant cela, je veux sculpter une statue représentant votre âme, telle qu'elle est réellement.

Le roi, pensant que cela ajouterait à sa grandeur, accepta le défi. Elias commença alors à observer le roi de près, passant de longs moments à parler avec lui, à regarder comment il interagissait avec son peuple et à comprendre ses motivations profondes. Plus les jours passaient, plus le roi comprenait que pour qu'Elias capture l'essence de son âme, il devait révéler ses peurs, ses insécurités et son profond désir d'être aimé et respecté.

Quand la statue fut enfin terminée, le roi fut stupéfait. Ce qu'il vit n'était pas l'image d'un grand roi puissant, mais celle d'un homme ordinaire avec un regard triste et un cœur lourd, portant le fardeau de ses ambitions et de sa solitude. C'était une image brute et honnête qui montrait sa vulnérabilité.

Elias lui dit :

– Votre prestige, Majesté, ne viendra pas de statues ou de monuments à votre gloire, mais de votre capacité à être authentique et à comprendre que le vrai respect et l'honneur viennent de la connexion sincère avec votre peuple, pas de la peur ou de l'imposition.

Touché par cette révélation, le roi Haron comprit que tout ce qu'il avait cherché à obtenir par le prestige matériel pouvait être atteint autrement. Il commença à s'ouvrir davantage à son peuple, à écouter ses besoins et à montrer sa vraie nature, avec ses forces et ses faiblesses. À mesure qu'il devenait plus humain et moins distant, son peuple commença à le respecter et à l'aimer véritablement.

La statue de son âme, bien qu'inconfortable à regarder au début, devint un symbole de sa transformation. Elle fut placée au centre du royaume, non pas pour glorifier le roi, mais pour rappeler à tous l'importance de l'authenticité et de la vraie connexion humaine.

***

Maintenant, nous allons évoquer ensemble votre besoin d'accomplissement. L'être cher disparu :

- ☐ Reconnaissait fréquemment vos réalisations et vos réussites.
- ☐ Vous encourageait et vous soutenait dans vos projets personnels et professionnels.
- ☐ Vous soutenait dans votre façon de penser ou de vous comporter.
- ☐ Respectait vos opinions et vos décisions.
- ☐ Vous fournissait de bons conseils pour vous améliorer et surmonter les difficultés.

- ☐ Vous motivait à atteindre vos objectifs en vous fixant des défis réalistes et inspirants.
- ☐ Vous aidait à développer vos compétences et votre confiance en vous.
- ☐ Vous inspirait à poursuivre vos passions et à ne jamais abandonner vos rêves.
- ☐ Célébrait vos succès et vous aidait à tirer des leçons de vos échecs.
- ☐ Vous donnait un sentiment de fierté et d'accomplissement à travers son propre exemple.
- ☐ Autre (décrivez) : ______________________________

____

____

____

____

***

Le besoin d'accomplissement traduit le besoin d'atteindre certains résultats. Cela peut être fonder une famille, construire ou rénover une maison, créer une entreprise... Certains projets se réalisent à plusieurs et peut-être était-ce votre cas avec l'être cher disparu. Ce dernier vous donnait la possibilité de vous lancer et de conduire des projets que vous ne vouliez ou ne pouviez pas réaliser seul. Sa mort a pu vous laisser un sentiment de grand vide et générer des blocages dans des actions qui procurent une grande satisfaction.

***

Est-ce que vous avez le sentiment que depuis que l'être cher est parti, vous menez moins de projets ou que les projets que vous aviez engagés sont à l'arrêt ?

☐ Oui ☐ Non

☐ Je ne sais pas

Si oui, décrivez :

____
____
____
____
____
____
____
____
____
____
____

Concernant vos besoins de réalisation de soi, la personne disparue :

- ☐ Vous encourageait à poursuivre vos passions.
- ☐ Vous aidait à mieux vous connaître et à devenir une meilleure personne.
- ☐ Vous transmettait des connaissances essentielles à la manière d'un mentor.
- ☐ Vous motivait à surmonter vos peurs et à sortir de votre zone de confort.
- ☐ Vous offrait des perspectives nouvelles et des idées qui enrichissaient votre vision du monde.
- ☐ Vous incitait à vous fixer des objectifs ambitieux et à travailler pour les atteindre.
- ☐ Vous fournissait des exemples inspirants de résilience et de réussite personnelle.
- ☐ Vous permettait d'explorer vos talents cachés et de développer de nouvelles compétences.
- ☐ Vous accompagnait dans les moments de doute, vous aidant à retrouver confiance en vous.
- ☐ Vous guidait vers des ressources ou des réseaux utiles pour votre épanouissement.
- ☐ Autre (décrivez) : ___________________________

____

***

Le **besoin de réalisation de soi** est le besoin d'incarner une certaine identité. C'est un besoin plus abstrait, qui peut donc être plus difficile à appréhender. Par exemple, le fait d'avoir un enfant, de passer du temps avec lui et de se montrer digne de ce rôle permet de se réaliser dans son identité de père ou de mère. Si l'enfant disparaît, on peut être privé de cette identité qui nous était chère et nous procurait du plaisir et de l'épanouissement.

***

Est-ce que vous avez le sentiment, depuis que l'être cher est disparu, de ne plus réussir à vous épanouir comme avant dans votre vie ?

☐ Oui ☐ Non

☐ Je ne sais pas

Si oui, décrivez :

____

____

____

____

____

____

____

____

____

____

____

____

____

Concernant votre besoin de spiritualité, la personne disparue :

☐ Partageait avec vous des croyances ou des pratiques spirituelles.

☐ Vous inspirait par ses valeurs.

- ☐ Vous soutenait dans vos recherches et questionnements spirituels.
- ☐ Représentait une figure de guide ou de mentor spirituel.
- ☐ Contribuait à votre paix intérieure et à votre équilibre émotionnel.
- ☐ Encourageait des discussions profondes sur le sens de la vie, la foi ou la religion.
- ☐ Introduisait à de nouvelles perspectives ou traditions spirituelles.
- ☐ Servait de modèle de sérénité et de sagesse face aux épreuves de la vie.
- ☐ Vous aidait à développer une pratique spirituelle comme la méditation ou la prière.
- ☐ Vous guidait dans des rituels qui renforçaient votre connexion spirituelle.
- ☐ Vous encourageait à explorer votre propre chemin spirituel, sans jugement ni pression.
- ☐ Vous incitait à vivre en accord avec vos valeurs spirituelles ou morales.
- ☐ Autre (décrivez) : ______________________________

____

Est-ce que pour vous la composante spirituelle de l'existence est quelque chose d'important ?

☐ Oui ☐ Non

☐ Je ne sais pas

Si oui, décrivez :

____

____

____

____

____

____

____

____

____

____

____

____

***

Le **besoin de spiritualité** est un besoin majeur chez les êtres humains. Il s'agit du besoin d'être connecté à un monde invisible (ancêtres, divinités). Il ne s'agit pas forcément d'un besoin lié à une religion, la religion n'est qu'une manière de répondre à ce besoin. Certaines personnes sont par leur aura, leurs croyances ou leurs connaissances de véritables « passeurs », dans le sens où ils ont cette capacité à nous sentir connecté à ce monde invisible. Quand ils disparaissent, on peut alors se sentir coupé de cette dimension essentielle de la vie.

***

Depuis que l'être cher est disparu, est-ce que vous vous sentez comme privé d'accès à cette dimension spirituelle ?

☐ Oui ☐ Non

☐ Je ne sais pas

Si oui, décrivez en quoi cela peut accentuer votre peine :

***

Le feu éternel

Il était une fois, dans un village niché au pied d'une montagne, deux sœurs, Mira et Luna, qui vivaient avec leur mère. Leur mère était une guérisseuse respectée, mais elle était surtout connue pour son don de garder le feu éternel allumé dans leur foyer. Ce feu magique ne s'éteignait jamais tant qu'elle veillait sur lui. Chaque soir, les sœurs s'asseyaient autour du feu et écoutaient leur mère raconter des histoires de courage et de sagesse.

Un jour, leur mère tomba gravement malade. Elle sentait ses forces décliner et appela ses filles à son chevet.

– Mes chères filles, leur dit-elle d'une voix faible, quand je partirai, le feu éternel s'éteindra. Vous aurez alors un choix à faire. Vous pourrez chercher une autre source de feu dans le village, dépendre des autres… ou apprendre à allumer votre propre feu et veiller sur lui comme je l'ai fait.

Peu de temps après, leur mère s'éteignit, tout comme le feu éternel. Mira, l'aînée, se sentit désemparée sans la chaleur réconfortante du feu. Elle courut chez les voisins, suppliant chacun d'entre eux de lui donner un peu de leur feu. Elle allait de maison en maison, mais le feu qu'elle ramenait ne durait jamais longtemps, et elle devait sans cesse en demander.

Luna, la cadette, observa la situation de sa sœur avec tristesse. Elle se souvenait des paroles de leur mère et décida de suivre l'autre chemin. Elle se rendit dans la forêt et commença à apprendre à allumer son propre feu. Ce n'était pas facile. Les premiers jours, elle échoua à plusieurs reprises, ses mains étaient couvertes d'ampoules et le froid de la nuit semblait plus intense que jamais. Mais elle persévéra.

Elle apprit à frotter les pierres, à assembler le bois sec et enfin, après de nombreux essais, une étincelle apparut, puis une flamme. Luna nourrissait cette flamme avec soin, la regardant grandir petit à petit, jusqu'à ce qu'elle devienne un feu vibrant et chaud, presque aussi brillant que le feu éternel de leur mère. Elle avait appris à dépendre d'elle-même et la chaleur du feu qu'elle avait allumé la réconfortait bien plus que si elle l'avait emprunté aux autres.

***

Concernant votre besoin d'éternité, la personne disparue :

- ☐ Représentait une partie essentielle de votre héritage familial ou culturel.
- ☐ Vous inspirait des réflexions sur la vie après la mort ou la continuité de l'esprit.
- ☐ Vous aidait à ressentir une connexion avec une chose plus grande que les choses matérielles.
- ☐ Vous incitait à transmettre vos valeurs et des enseignements aux générations futures.
- ☐ Vous rappelait l'importance de la transmission de la sagesse et des expériences de vie.
- ☐ Vous poussait à explorer vos propres croyances spirituelles sur l'éternité et l'au-delà.
- ☐ Vous aidait à accepter l'idée de la mortalité et à trouver un sens profond à la vie.
- ☐ Vous faisait réfléchir sur l'impact durable que nous pouvons avoir sur les autres après la mort.
- ☐ Vous incitait à contribuer à une cause ou à un projet de long terme.
- ☐ Vous confortait dans l'idée que l'amour peut survivre au-delà de la vie physique.
- ☐ Autre (décrivez) : ______________________________

____

***

Le **besoin d'éternité** correspond au besoin de laisser une trace de son passage sur terre après sa mort. On le satisfait en écrivant un livre, en laissant un héritage matériel ou spirituel ou simplement en ayant des enfants.

***

Avez-vous le sentiment, depuis que l'être cher est disparu, que vous ne pourrez plus laisser votre trace après votre mort ?

- ☐ Oui
- ☐ Non
- ☐ Je ne sais pas

Si oui, décrivez :

____

____

____

____

____

____

____

____

____

____

Maintenant que vous avez pu identifier les besoins auxquels répondait l'être cher disparu, vous allez devoir trouver des « alternatives », c'est-à-dire d'autres personnes ou d'autres manières de répondre à vos besoins. C'est généralement ce changement qui provoque le plus de résistance, car il induit de la culpabilité, voire un sentiment de trahison. Beaucoup de personnes refusent cette manière de faire, car cela reviendrait pour elles à considérer l'être cher comme interchangeable.

Pourtant, c'est la seule manière d'apaiser cette « deuxième souffrance ». Il existe en réalité deux manières de répondre à ses besoins :

– Soit en trouvant une autre personne qui pourra le faire. Elle le fera forcément différemment de l'être cher disparu, mais elle apportera une réponse et viendra donc combler un manque.

– Soit en apprenant à répondre à nos besoins par nous-mêmes. La perte devient alors l'occasion d'une croissance, d'une nouvelle phase de développement personnel au cours de la vie.

C'est exactement ce qui se passe lorsqu'un enfant grandit et prend son autonomie pour quitter ses parents et mener sa propre existence. Nous pensons, à tort, qu'il n'y a qu'entre l'enfance et l'âge adulte que ce type de transformation se déroule. En réalité, cela peut se passer à de nombreux âges de la vie. Il n'y a pas d'âge pour grandir ! Je voudrais à ce propos vous raconter l'histoire d'une dame que j'ai connue. Cette dame avait 69 ans quand elle a perdu son mari. Mais elle a pris une décision incroyable.

***

Monique passe son permis de conduire

Monique a 69 ans lorsque son mari, avec qui elle était mariée depuis 47 ans, décède. Monique n'a jamais conduit, c'était son mari qui l'emmenait partout, et ce depuis toujours.

Après la mort de son mari, Monique se retrouve sans la possibilité de se déplacer, ce qui génère chez elle un fort sentiment d'isolement. Elle vit à la campagne dans une petite maison, éloignée du bourg et de toutes les commodités.

Monique ne peut plus, comme elle le souhaite, rendre visite à sa famille ou à ses petits-enfants et mener les activités comme elle le faisait avec son défunt mari. Monique décide alors de prendre les choses en main et de passer son permis de conduire, qu'elle finira par obtenir.

***

Le cas de Monique illustre parfaitement cette possibilité de croissance, et ce quel que soit son âge. Beaucoup de personnes auraient renoncé à sa place, se disant : « non, je suis trop vieille » ou « non, je n'y arriverai pas ». Mais il n'y a pas d'âge, ou presque, pour apprendre. Même si nous n'avons pas l'habitude de faire quelque chose, parce que c'est un proche qui le faisait, nous pouvons apprendre à le faire pour devenir plus indépendant. Cela concerne à peu près tous les aspects de la vie, y compris le bricolage, la cuisine ou la gestion.

Bien sûr, Monique aurait pu procéder différemment. Elle aurait pu se résigner. Mais elle se serait alors privée de toutes les sources de plaisir qu'elle avait dans la vie. Comment « faire son deuil » et se réconcilier avec la vie si on ne peut plus prendre de plaisir et avoir des sources de joie ? C'est cela que j'appelle la « deuxième souffrance » ou la « deuxième peine ».
Monique aurait pu aussi s'y prendre différemment. Plusieurs autres options s'offraient à elle pour satisfaire son besoin de pouvoir se déplacer librement. Elle aurait pu trouver une personne acceptant, moyennant rémunération, de l'emmener quand elle en avait besoin. Elle aurait pu aussi déménager pour habiter un lieu où la voiture n'est pas nécessaire pour accéder à ses activités. Bien entendu, chacun de ces actes demande une certaine force. Il faut bouger, se mettre en mouvement et passer à l'action. Il est vrai que pendant un deuil, nous sommes privés d'une partie de notre force. Mais contrairement à ce que l'on pense, la force n'est pas une cause, mais une conséquence.
Dit autrement, c'est en agissant pour satisfaire vos besoins que vous recevrez de la force.

***

La cuisine, le coaching et la douceur comme alternatives

Une femme mangeait chaque jour les bons petits plats cuisinés par son mari. Celui-ci disparu, elle refuse de se nourrir correctement. Elle ne mange plus que des plats préparés. Après une thérapie, elle accepte finalement de prendre des cours de cuisine. Cette nouvelle activité lui permet de rencontrer d'autres personnes et de se changer les idées. Puis elle se met à cuisiner pour elle et pour ses proches. Cuisiner finit par devenir une source de plaisir et un temps de recueillement pour elle.

*

Une femme se faisait conseiller par son père, qui prenait chaque semaine le temps de l'écouter et de lui prodiguer ses conseils quant à ses choix professionnels et personnels. Celui-ci disparu, elle se trouve privée de son mentor. Au début, elle essaie de s'appuyer sur son mari, mais clairement ce n'est pas son truc. Cela génère des tensions entre eux. Finalement, elle trouve un coach qu'elle rémunère. C'est un investissement, mais elle a pris conscience que se confier à une personne qui peut la soutenir est un besoin essentiel.

*

Un homme perd sa femme d'un cancer. Cet homme était souvent stressé et angoissé et sa femme l'apaisait par sa présence, son calme et sa douceur. L'homme décide d'entamer un travail sur lui pour apprendre à mieux gérer son stress et ses angoisses. Au bout de quelques semaines, prenant conscience de son besoin d'avoir une présence féminine à ses côtés, il décide de s'inscrire dans un club de rencontres pour retrouver une nouvelle compagne. Pour cela, il doit dépasser son sentiment de culpabilité.

***

Nous allons maintenant chercher tout ce que vous pourriez apprendre à faire par vous-même et qui vous permettrait de répondre à des besoins auxquels l'être cher disparu répondait.

Avez-vous des besoins essentiels dans le domaine des besoins physiologiques ?

☐ Oui ☐ Non

☐ Je ne sais pas

Si oui, que pourriez-vous faire concrètement pour y répondre, soit en demandant à une autre personne de le faire pour vous, soit en le faisant par vous-même ?

____

____

____

____

____

Avez-vous des besoins essentiels dans le domaine des besoins de sécurité ?

☐ Oui ☐ Non

☐ Je ne sais pas

Si oui, que pourriez-vous faire concrètement pour y répondre, soit en demandant à une autre personne de le faire pour vous, soit en le faisant par vous-même ?

____

____

____

____

____

____

____

Avez-vous des besoins essentiels d'appartenance sociale horizontale ?

☐ Oui ☐ Non

☐ Je ne sais pas

Si oui, que pourriez-vous faire concrètement pour y répondre, soit en demandant à une autre personne de le faire pour vous, soit en le faisant par vous-même ?

____

____

____

____

____

____

____

Avez-vous des besoins essentiels dans le domaine de l'appartenance sociale verticale ?

☐ Oui ☐ Non

☐ Je ne sais pas

Si oui, que pourriez-vous faire concrètement pour y répondre, soit en demandant à une autre personne de le faire pour vous, soit en le faisant par vous-même ?

____

____

____

____

____

Avez-vous des besoins essentiels dans le domaine de l'accomplissement ?

☐ Oui ☐ Non

☐ Je ne sais pas

Si oui, que pourriez-vous faire concrètement pour y répondre, soit en demandant à une autre personne de le faire pour vous, soit en le faisant par vous-même ?

____

____

____

____

____

Avez-vous des besoins essentiels dans le domaine de la réalisation de soi ?

☐ Oui ☐ Non

☐ Je ne sais pas

Si oui, que pourriez-vous faire concrètement pour y répondre, soit en demandant à une autre personne de le faire pour vous, soit en le faisant par vous-même ?

____

____

____

____

____

Avez-vous des besoins essentiels dans le domaine de la spiritualité ?

☐ Oui ☐ Non

☐ Je ne sais pas

Si oui, que pourriez-vous faire concrètement pour y répondre, soit en demandant à une autre personne de le faire pour vous, soit en le faisant par vous-même ?

____

____

____

____

____

____

Avez-vous des besoins essentiels dans le domaine de l'éternité ?

☐ Oui ☐ Non

☐ Je ne sais pas

Si oui, que pourriez-vous faire concrètement pour y répondre, soit en demandant à une autre personne de le faire pour vous, soit en le faisant par vous-même ?

____

____

____

____

____

____

Le cas de la perte d'un enfant

***

« Aussi longtemps qu'une mère et un père vivront,
ils porteront le deuil de leur enfant perdu.
Car un enfant est la source de leur joie, la lumière de leurs jours. »

VICTOR HUGO

***

On dit que perdre un enfant est la plus grande épreuve à laquelle un être humain puisse être confronté. Il y a dans tous les cas quelque chose de très particulier sur le plan des besoins dans cette épreuve. En effet, un enfant semble a priori ne répondre à aucun besoin, surtout si l'enfant était très jeune au moment de son décès. Ce serait même plutôt l'inverse. C'est à ses parents qu'il revient de répondre à ses besoins : le nourrir, lui apporter de la sécurité, l'aider à créer des relations, lui donner de l'affection.

Voici pourquoi j'ai créé ce chapitre spécifique. Si cette tragédie vous concerne, les questionnements, les histoires et les exercices qui vont suivre devraient vous aider à avancer dans votre processus de deuil. Encore une fois, il n'est pas question d'oublier ou de contraindre vos émotions ou vos sentiments. Non, l'objectif est de chercher de l'apaisement et du réconfort, de permettre à la vie de revenir dans un cœur désolé par un événement qui n'aurait pas dû se produire dans un monde juste et parfait.

Quel âge avait votre enfant lorsqu'il est disparu ?
Il avait....... ans.

Est-ce que vous avez d'autres enfants ?

☐ Oui ☐ Non

Cet enfant était-il désiré ?

☐ Oui ☐ Non

Si oui, décrivez les raisons qui vous ont donné envie de donner naissance à cet enfant :

____

____

____

____

____

____

Si non, décrivez comment cela s'est-il passé :

____

____

____

____

____

____

Est-ce qu'il y a des secrets qui entourent la naissance de cet enfant ?

☐ Oui ☐ Non

☐ Je ne sais pas

Si oui, décrivez :

____

____

____

____

____

Bien que cela soit douloureux, pouvez-vous expliquer comment sa disparition s'est passée ?

S'agit-il d'un suicide ?

- ☐ Oui
- ☐ Non
- ☐ Je ne sais pas

Si oui, pouvez-vous expliquer en quoi le fait que cette mort soit volontaire est encore plus douloureux ?

Que ressentez-vous depuis que votre enfant est parti ? (Plusieurs réponses sont possibles.)

- ☐ Une perte de sens
- ☐ Un sentiment de vide intérieur
- ☐ Une douleur physique ou émotionnelle intense
- ☐ Un sentiment d'injustice ou de colère
- ☐ Une profonde tristesse
- ☐ Une culpabilité, même irrationnelle
- ☐ Une perte d'appétit ou des troubles du sommeil
- ☐ Une difficulté à vous concentrer ou à vous souvenir
- ☐ Un sentiment de désespoir ou de détresse
- ☐ Une difficulté à trouver de la joie ou de l'intérêt pour les activités habituelles
- ☐ Un besoin de parler de lui/elle constamment ou au contraire une difficulté à en parler
- ☐ Une impression d'être déconnecté des autres ou de la réalité
- ☐ Un sentiment de solitude ou d'isolement, même entouré
- ☐ Une anxiété ou une peur accrue pour les autres membres de la famille
- ☐ Une difficulté à imaginer l'avenir sans lui/elle
- ☐ Un désir de se retirer socialement ou de s'isoler
- ☐ Une tendance à fuir le réel (alcool, nourriture, travail excessif)
- ☐ Un questionnement spirituel ou existentiel accru
- ☐ Un sentiment de trahison par la vie, le destin ou une force supérieure
- ☐ Un besoin de trouver un sens à cette perte ou de rendre hommage à l'enfant
- ☐ Un sentiment d'avoir perdu une partie de soi-même
- ☐ Autre (décrivez) : ______________________________

____

Avez-vous le sentiment que cette situation est injuste, anormale ?

☐ Oui ☐ Non

☐ Je ne sais pas

Si oui, décrivez pourquoi vous ressentez ce sentiment d'injustice, d'anormalité :

____

____

____

____

____

____

Est-ce que vous voyez une action ou un événement qui pourrait contribuer à satisfaire ce besoin de rétablir la justice, la normalité ?

____

____

____

____

____

____

____

Parmi ces idées, est-ce que l'une d'elles vous semble intéressante à mettre en pratique ?

- ☐ Si l'enfant est décédé d'une maladie, s'investir dans une association qui finance la recherche pour cette maladie ou sensibiliser le public pour plus de prévention.
- ☐ En cas de décès à la suite d'un accident (routier, domestique, etc.), mener des actions de sensibilisation sur la sécurité pour aider à prévenir de futures tragédies.
- ☐ Créer une bourse d'études ou une fondation en mémoire de l'enfant, dans le but d'aider d'autres enfants ou jeunes qui pourraient souffrir de la même maladie ou avoir eu un accident similaire.
- ☐ Rejoindre ou créer des groupes de soutien pour les parents qui ont vécu une perte similaire de façon à créer des liens et à trouver une forme d'apaisement.
- ☐ Mettre par écrit l'expérience que vous vivez et les leçons que vous en avez tirées pour partager votre vécu via un livre ou un blog sur Internet.

- ☐ Devenir bénévole dans des écoles, des clubs sportifs ou des associations de jeunes pour transmettre des valeurs positives, du savoir et du soutien.
- ☐ Accompagner des jeunes ayant des problèmes familiaux, scolaires ou de santé pour les aider à surmonter leurs propres difficultés.
- ☐ Organiser une marche, une course ou un autre événement sportif en la mémoire de l'enfant.
- ☐ Autre (décrivez) : ______________________________

____

***

L'Arbre de lumière

Il était une fois, dans un village reculé niché au cœur d'un massif montagneux, une jeune mère nommée Leïla, qui vivait avec son fils unique, Amir. Amir était la lumière de sa vie, un enfant plein de joie, de curiosité et de gentillesse. Chaque jour, il apportait un rayon de soleil dans le cœur de sa mère et de tous ceux qui le connaissaient. Mais un jour, une maladie soudaine et inexplicable emporta Amir, laissant Leïla dans une douleur indicible et un sentiment d'injustice insoutenable.

Leïla ne comprenait pas pourquoi son fils avait été pris si tôt. Pourquoi Amir, qui n'avait rien fait de mal, avait-il été emporté si jeune ? Elle ressentait une colère profonde contre le monde et contre l'injustice de la vie. Chaque jour, elle allait au pied d'un grand arbre au centre du village, un arbre que l'on appelait l'« Arbre de lumière », et pleurait, demandant des réponses au ciel.

Un soir, alors que le soleil se couchait et que le village était enveloppé d'une douce lumière dorée, Leïla s'endormit sous l'Arbre de lumière, épuisée de chagrin. Elle rêva alors d'un endroit étrange et merveilleux. Elle se trouvait dans une vallée lumineuse, remplie de fleurs aux couleurs éclatantes et de rivières scintillantes. Dans cette vallée, elle vit Amir, jouant et riant avec d'autres enfants.

Leïla courut vers lui, les larmes aux yeux.

– Amir, mon fils, pourquoi as-tu été emporté si tôt ? Pourquoi t'ont-ils emmené loin de moi ? demanda-t-elle.

Amir sourit doucement et prit la main de sa mère.
– Maman, dit-il d'une voix calme et rassurante, je ne suis pas parti parce que j'ai fait quelque chose de mal, ni parce que tu as fait quelque chose de mal. Mon temps sur terre était court, mais plein d'amour et de bonheur. Ici, dans cette vallée, je continue d'apprendre, de grandir et d'être heureux. Je ne suis pas seul et je ne suis pas triste.
Leïla, bien qu'encore en larmes, ressentit un apaisement étrange.
– Mais pourquoi devais-tu partir si tôt ? Pourquoi n'ai-je pas eu plus de temps avec toi ? demanda-t-elle encore, le cœur lourd.
Amir la regarda avec une sagesse qui dépassait son âge.
– Maman, la vie est comme un grand arbre, dit-il en désignant l'Arbre de lumière qui se tenait mystérieusement dans la vallée, brillant de mille feux. Chaque feuille, chaque branche, chaque fleur a sa propre durée de vie. Certaines feuilles tombent tôt, d'autres tombent plus tard, mais toutes font partie de l'arbre et contribuent à sa beauté. Parfois, une feuille tombe pour faire place à une nouvelle pousse. C'est ainsi que l'arbre continue de grandir, de s'épanouir et de porter ses fruits. Ce n'est pas une question de justice ou d'injustice, maman. C'est simplement le cycle de la vie. Et même si mon temps sur cette branche était court, je fais toujours partie de cet arbre. Et toi aussi, maman. Nous sommes tous connectés, même si nous ne sommes pas toujours ensemble de la manière souhaitée.
En entendant ces mots, Leïla sentit son cœur s'alléger un peu. Elle comprit que, bien que la perte de son fils lui fût insupportable, Amir n'était pas vraiment perdu. Il faisait toujours partie d'elle, de l'arbre de la vie, de cette grande et mystérieuse connexion qui lie toutes les âmes.
Leïla se réveilla au pied de l'Arbre de lumière. La douleur était encore là, mais elle se sentait apaisée, comme si une part d'elle avait trouvé la paix. Elle se releva et, pour la première fois depuis la mort d'Amir, elle sentit une chaleur douce dans son cœur. Elle se promit de revenir à cet arbre chaque jour, non pas pour pleurer la perte de son fils, mais pour se rappeler qu'il continuait d'exister dans l'au-delà.

***

Éprouvez-vous de la culpabilité par rapport au décès de votre enfant ?

☐ Oui ☐ Non

☐ Je ne sais pas

Si oui, décrivez ce que vous ressentez exactement :

____

____

____

____

____

____

____

____

Selon vous, son décès aurait-il pu objectivement être évité ?

☐ Oui ☐ Non

☐ Je ne sais pas

Si oui, qu'aurait-il fallu faire pour que cela ne se produise pas ? Décrivez :

____

____

____

____

____

____

____

____

***

« Que la force me soit donnée de supporter ce qui ne peut être changé et le courage de changer ce qui peut l'être, mais aussi la sagesse de distinguer l'un de l'autre. »

MARC AURÈLE

***

Que nous enseigne cette citation ?

____

____

____

____

____

____

Si vous vous sentez coupable, pensez-vous que vous pourriez vous pardonner un jour ?

☐ Oui ☐ Non

☐ Je ne sais pas

Si oui, comment pourriez-vous faire pour vous pardonner ?

____

____

____

____

____

Vous arrive-t-il d'éprouver de la compassion vis-à-vis de vous-même, pour ce qui vous arrive ? Avoir de la compassion, c'est vous considérer avec bienveillance et affection.

☐ Oui ☐ Non

☐ Je ne sais pas

Si non, comment pourriez-vous faire pour avoir plus de compassion vis-à-vis de vous-même ?

____

____

____

____

____

____

***

La promesse du pardon

Dans une ville tranquille vivait une femme nommée Clara. Elle avait un fils, Mathieu, qu'elle aimait plus que tout au monde. Un jour, Mathieu tomba malade. Clara fit tout ce qu'elle pouvait pour le soigner : elle l'amena chez les meilleurs médecins, essaya des remèdes et pria chaque nuit pour sa guérison. Mais malgré tous ses efforts, Mathieu mourut.

Après la mort de son fils, Clara fut submergée par un profond sentiment de culpabilité. Elle ne pouvait s'empêcher de se blâmer : si elle avait réagi plus tôt, choisi un autre médecin, essayé d'autres remèdes, peut-être que Mathieu serait encore en vie. Cette culpabilité se transforma en colère contre elle-même, l'empêchant de trouver la paix.

Clara s'éloigna de ses amis et de sa famille, s'enferma dans son propre monde de regrets. Chaque jour, elle se posait les mêmes questions douloureuses, revisitant chaque décision, chaque choix, avec l'idée que quelque chose de différent aurait pu sauver son fils.

Un jour, alors qu'elle était assise seule sur un banc du parc où elle aimait emmener Mathieu, une vieille femme s'assit à côté d'elle. Elle semblait savoir que Clara souffrait, même sans échanger un mot. La vieille femme regarda Clara avec douceur et lui dit :

– Je vois dans tes yeux une douleur que je connais bien.

Clara, surprise, répondit :

– Vous ne pouvez pas comprendre ce que je ressens. J'ai perdu mon fils et c'est de ma faute.

La vieille femme hocha doucement la tête.

– J'ai aussi perdu quelqu'un de très cher, dit-elle, et j'ai porté la culpabilité pendant de nombreuses années. Je me suis aussi dit que j'aurais pu faire quelque chose de différent, que j'aurais dû voir les signes, agir plus vite. Mais un jour, j'ai compris quelque chose. J'ai compris que la culpabilité ne change rien. Nous faisons toujours de notre mieux avec ce que nous savons à ce moment-là. Personne ne peut tout prévoir, tout contrôler.

Nous ne sommes que des êtres humains. Et notre amour ne peut pas toujours empêcher la douleur ou la perte. Le pardon de soi n'est pas facile, mais il est essentiel. Il ne signifie pas oublier ou ignorer ce qui s'est passé. Pardonner signifie reconnaître que tu as fait ce que tu pouvais avec ce que tu savais alors. C'est te permettre de guérir, de continuer à vivre pour honorer la mémoire de ceux que nous avons perdus.
Clara sentit une larme couler sur sa joue.
– Mais comment puis-je me pardonner quand je me sens si responsable ? demanda-t-elle.
– Commence par te parler comme si tu parlais à une amie chère, dit la vieille femme. Si une amie venait te dire qu'elle se sent coupable après la perte de son enfant, que lui dirais-tu ? Lui dirais-tu qu'elle est coupable ou lui dirais-tu qu'elle a fait tout ce qu'elle pouvait et qu'elle mérite la compassion et l'amour ?
Clara réfléchit un moment et répondit doucement :
– Je lui dirais qu'elle mérite la compassion et qu'elle a fait tout ce qu'elle pouvait.
La vieille femme sourit.
– Alors, dis-toi la même chose. Permets-toi de ressentir cette compassion pour toi-même. C'est le premier pas vers la paix.
Clara prit une profonde inspiration. Pour la première fois depuis longtemps, elle se sentait un peu plus légère. Elle comprit qu'elle devait commencer à se pardonner, à se libérer de cette colère contre elle-même et à honorer la mémoire de Mathieu non pas avec des regrets, mais avec amour.

***

Qu'est-ce qui vous fait le plus souffrir dans la perte de cet enfant ?

- ☐ Ne plus pouvoir vous occuper de lui, lui préparer à manger, veiller sur son sommeil, lui faire des câlins.
- ☐ Ne plus jouer ce rôle de protection et de pilier dans sa vie. Vous lui apportiez la sécurité physique et affective.

- ☐ Ne plus pouvoir interagir avec lui, ne plus être tout à fait une famille, avoir le sentiment que quelque chose est incomplet, inachevé.
- ☐ Ne plus pouvoir le voir grandir, ne plus pouvoir faire de projets avec lui, ne plus pouvoir le voir avancer dans sa vie.
- ☐ Ne plus pouvoir lui transmettre ce que vous savez, le voir s'épanouir et apprendre grâce à vous. Ne pas pouvoir le voir devenir adulte.
- ☐ Ne plus avoir de prolongement de vous-même, avoir le sentiment que votre lignée s'éteindra avec vous.
- ☐ Autre (décrivez) : ______________________________

____

Le désir de prendre soin des autres est profondément enraciné dans l'âme humaine. Il est le reflet d'une connexion intime et empathique envers ses semblables. Lorsqu'une personne choisit de prendre soin de quelqu'un, que ce soit un enfant, un parent âgé, un ami malade ou même un étranger, elle répond à un appel intérieur qui transcende les simples besoins physiques. Prendre soin, c'est offrir une partie de soi-même – du temps, de l'attention, de l'affection – pour améliorer le bien-être d'autrui.

En prenant soin des autres, nous répondons également à un besoin personnel de trouver du sens et de la satisfaction dans nos propres vies. Le soin que l'on apporte n'est pas seulement un acte de générosité, il nous fournit un rôle et un sentiment d'utilité qui nous nourrit. Prendre soin n'est donc pas un acte de générosité pure. En donnant à l'autre, je me donne en réalité aussi à moi-même. Ce don alimente ma propre croissance personnelle. Il me donne le sentiment d'être important pour quelqu'un.

Est-ce qu'il y a d'autres enfants ou plus généralement d'autres êtres ou personnes avec lesquels vous pourriez satisfaire votre besoin de prendre soin ?

- ☐ Accueillir un enfant dans le cadre du dispositif des familles d'accueil pour lui permettre de recevoir de l'amour et une éducation.
- ☐ S'engager dans le bénévolat auprès d'enfants, de personnes âgées ou de personnes en situation de handicap.

- Travailler avec des jeunes en tant que mentor ou tuteur pour les soutenir dans leur développement personnel et scolaire.
- Participer à des programmes de soutien aux parents et familles en difficulté, comme le bénévolat dans des associations de soutien familial.
- Devenir parrain ou marraine d'un enfant dans le besoin, que ce soit à l'échelle locale ou internationale.
- Cultiver des plantes ou un jardin pour canaliser le désir de prendre soin dans la création et l'entretien de la nature.
- Soutenir les voisins ou amis en difficulté en leur offrant du soutien pratique et émotionnel.
- Travailler dans un centre de soins pour animaux ou devenir bénévole dans un refuge pour animaux, pour s'occuper des animaux abandonnés ou blessés.
- Autre (décrivez) : ______________________________

____

***

Coralie et ses baigneurs

Je me souviens d'une personne qui avait perdu un enfant très jeune. L'enfant était décédé d'une mort subite du nourrisson. Cet événement avait agi comme une déflagration dans un couple déjà fragile et avait gravement affecté le psychisme de Coralie pendant des années. Elle avait fait plusieurs tentatives de suicide et avait été internée à plusieurs reprises à l'hôpital psychiatrique pour des décompensations.

Au bout d'une dizaine d'années, alors qu'elle commençait à s'apaiser, Coralie avait acheté des baigneurs en porcelaine. Il était assez étrange pour une personne étrangère, qui pénétrait dans son appartement, de voir ces baigneurs installés un peu partout. Mais ils symbolisaient cet enfant disparu et permettaient à cette femme d'obtenir un soulagement à sa souffrance en rendant l'absent présent. Ces baigneurs représentaient tout ce qu'elle avait perdu.

***

Peu importe la manière dont vous vous y prendrez pour trouver un soulagement. L'important est que vous trouviez votre manière de faire. Rappelez-vous juste une chose. Pour obtenir un soulagement, vous devez respecter au moins deux conditions :
– trouver des occasions de prendre soin d'autres personnes comme vous preniez soin de cet enfant,
– et trouver des occasions de vous connecter à lui, de rendre l'absent présent.
Ces deux conditions remplies, vous pourrez aller mieux.

Vous n'oublierez sans doute jamais ce qui s'est passé.
Il vous arrivera toujours d'avoir du chagrin.
Ce qui compte, c'est que vous puissiez quand même vivre !

Étape n° 4

Je m'ouvre aux « croyances aidantes »

« Ne sois pas triste. Tout ce que tu perds revient sous une autre forme. »

RUMI

Les « croyances[1] » que nous avons sur un sujet donné déterminent en grande partie nos émotions et nos actions. Lorsque j'avais 28 ans, j'ai fait mon premier voyage à Bali, en Indonésie. Lors de ce voyage, j'ai assisté à une crémation. Il s'agit d'une cérémonie au cours de laquelle le corps du défunt est brûlé en présence de la famille et du village tout entier. J'ai été saisi de surprise à l'époque, car aucune des personnes présentes à cette crémation ne pleurait. Au contraire, toutes souriaient et riaient.

Le jour suivant, j'eus la chance de discuter avec une Balinaise. Celle-ci avait perdu son mari quelques années plus tôt. Elle m'expliqua que les Balinais croyaient que la mort était seulement une étape dans le cycle des réincarnations. Contrairement au point de vue dominant en Occident, selon lequel la mort est une fin[2], pour les Balinais, la mort est au contraire un commencement. En effet, la personne défunte termine une vie pour en recommencer une nouvelle, jusqu'à être libérée. Dans les yeux de la femme, dans sa posture, jusqu'aux tremblements les plus imperceptibles des muscles qui saillaient sous sa peau, je perçus des émotions intenses et entremêlées. Je ressentis d'abord une certaine souffrance. Il était indéniable que son défunt mari lui manquait, ce qu'elle exprima ouvertement aussi avec ses mots. Mais en même temps, on sentait qu'elle éprouvait une forme de joie ou de sérénité. Pour elle, il existait toujours, mais réincarné sous une nouvelle forme quelque part.

Cette histoire m'a montré que l'une des voies pouvant permettre d'apaiser la douleur du deuil est d'explorer d'autres croyances que les croyances occidentales. En Occident, beaucoup de gens, surtout chez les athées, pensent que la mort est une fin. Tout disparaît et s'arrête. Cette croyance, bien que considérée comme une vérité scientifique, génère beaucoup de souffrance psychologique. Il est en effet plus difficile de « faire son deuil » si l'on croit à la fin de tout, pas à la réincarnation.

---

1. Je mets le terme de « croyance » entre guillemets à dessein, car le terme ici ne désigne pas des croyances au sens religieux du terme, mais plutôt des représentations.
2. Je fais ici référence aux « croyances » liées au point de vue scientifique. Il existe bien sûr aussi en Occident des croyances religieuses d'un autre ordre.

***

L'étoile et le papillon

Il était une fois, dans un petit village niché au creux d'une vallée reculée, une femme nommée Mila qui vivait avec son jeune fils, Nao. Nao était un enfant joyeux, toujours souriant, et sa présence apportait une lumière particulière à ceux qui l'entouraient. Mila aimait profondément son fils ; il était son étoile, sa raison de vivre.

Un jour, une maladie soudaine frappa le village, emportant avec elle les plus jeunes et les plus fragiles. Malgré tous les soins que Mila prodiguait à son fils, Nao s'affaiblit peu à peu et, un matin, il s'envola doucement vers le ciel, laissant derrière lui un vide immense et un chagrin insondable.

Le cœur de Mila était brisé. Elle ne savait plus comment avancer sans son fils. Chaque coin de la maison lui rappelait Nao, son rire, ses petits pieds courant sur le sol, ses yeux curieux qui brillaient de mille étoiles. Elle errait dans le village, les yeux pleins de larmes, cherchant un signe, un espoir, quelque chose pour apaiser sa douleur.

Un jour, alors qu'elle se promenait près de la rivière où elle avait l'habitude d'emmener Nao, elle aperçut un papillon. C'était un papillon différent de tous ceux qu'elle avait vus auparavant. Ses ailes étaient d'un bleu lumineux, presque scintillant, comme le regard de Nao lorsqu'il riait. Le papillon volait doucement autour d'elle, puis se posa finalement sur sa main.

Mila sentit une étrange chaleur l'envahir, une sensation qu'elle n'avait pas ressentie depuis la perte de son fils. Instinctivement, elle murmura :

– Nao, est-ce toi ?

Le papillon agita doucement ses ailes en réponse, comme s'il comprenait ses paroles. Mila se rappela alors une histoire que sa mère lui racontait souvent : lorsque les âmes quittent ce monde, elles trouvent parfois une manière de revenir pour réconforter ceux qu'elles aiment. Elles peuvent prendre la forme de ce qui est

le plus beau, le plus pur dans la nature, comme un papillon qui vole librement dans le ciel.
Ce papillon bleu restait toujours proche de Mila. Il la suivait lorsqu'elle se promenait, virevoltait autour d'elle comme pour jouer. Chaque jour, il revenait, se posait sur son épaule, sa main ou même sur son visage lorsqu'elle pleurait, comme pour essuyer ses larmes.
Avec le temps, Mila commença à ressentir moins de douleur. Elle comprit que Nao n'était jamais vraiment parti. Son esprit, sa douceur, son amour pour elle, tout cela vivait à travers ce papillon. Chaque fois qu'elle le voyait, elle sentait la présence de son fils. Elle se souvenait de ses rires, de ses câlins et de chaque moment partagé.

***

Trop peu de personnes en ont conscience, mais les êtres humains sont libres de choisir leurs « croyances ». Peu importe ce que certains appellent la « vérité », ce qui compte en définitive, c'est l'efficacité ou l'utilité de la « croyance ». Vous pouvez choisir de croire en quelque chose, non parce que cela est vrai, mais parce que cette chose vous apaise et vous procure du bien-être ou encore parce qu'elle vous aide à avancer dans la vie. C'est exactement ce que nous allons faire maintenant.

Nous allons explorer différentes « croyances aidantes », c'est-à-dire des croyances qui peuvent vous aider à apaiser votre peine.

Que croyez-vous qu'il arrive après la mort d'une personne ?

- ☐ **Athéisme :** vous croyez que rien ne survient après la mort, la mort marquant la fin définitive de la conscience et de l'existence de la personne.
- ☐ **Agnosticisme :** vous maintenez une position neutre, arguant qu'il est impossible de savoir ce qui se passe après la mort. Vous ne jugez pas les « croyances ».

- ☐ **Christianisme :** vous croyez en un au-delà où les âmes sont jugées par Dieu et destinées soit au paradis, soit à l'enfer, en fonction de leurs actions.
- ☐ **Islam :** vous croyez que les morts attendent dans leurs tombes jusqu'au jour du jugement, avant de gagner le paradis ou l'enfer.
- ☐ **Judaïsme :** vous croyez en une sorte de vie après la mort, où les âmes sont récompensées ou punies.
- ☐ **Hindouisme :** vous croyez en la réincarnation, où l'âme renaît dans une nouvelle forme en fonction de son karma accumulé. La mort est la fin et le début.
- ☐ **Shintoïsme :** vous croyez qu'après la mort les esprits influencent le monde physique, nécessitant la conduite de rituels pour maintenir de bonnes relations.
- ☐ **Spiritisme :** vous croyez que l'esprit survit après la mort physique et peut communiquer avec les vivants à travers des médiums.
- ☐ **Croyances traditionnelles africaines :** vous pensez que les esprits des défunts restent proches de leur communauté. Des rites permettent de les satisfaire et de s'attirer leurs grâces.
- ☐ **Autre (décrivez) :** ____

____

Vous voyez à la lecture de ces différentes descriptions qu'on peut regrouper les croyances qui concernent la mort en trois grands types.

– **Les croyances dans une vie après la mort,** mais dans un autre monde séparé lui-même en deux lieux : le paradis pour les âmes bonnes et l'enfer pour les âmes mauvaises.
– **Les croyances en un retour de l'âme de la personne défunte sur Terre,** mais sous une autre forme. Cette forme dépend des actions réalisées par la personne au cours de sa vie.
– **Les croyances dans la coexistence des morts et des vivants.** Les personnes défuntes continuent d'exister après la mort. Elles vivent au sein de leur communauté et influencent la vie des vivants.

Pensez-vous que vos « croyances » sur la mort vous aident à apaiser la souffrance du deuil ou au contraire qu'elles l'accentuent ? Expliquez.

- ☐ Elles l'apaisent
- ☐ Elles l'accentuent
- ☐ Elles n'ont aucun effet
- ☐ Je ne sais pas

Décrivez comment elles influent sur votre état intérieur et éventuellement sur vos relations aux autres pendant cette période particulièrement difficile de votre vie.

Je vous propose d'explorer maintenant ces différents types de « croyances », à travers plusieurs exercices. Nous commencerons par la « croyance » hindouiste en la réincarnation.

***

L'Arbre de vie et le petit oiseau

Il était une fois, dans un royaume lointain, un grand sage nommé Ananta, connu pour sa sagesse et sa compréhension profonde des mystères de la vie. Un jour, un jeune homme nommé Ravi vint le voir, troublé par la perte récente de son père. Il ne comprenait pas pourquoi son père avait dû partir si soudainement ni ce qu'il adviendrait de son âme. Il avait entendu parler de la réincarnation, mais ne pouvait en saisir le concept.

Le sage Ananta, esquissant un doux sourire, invita Ravi à s'asseoir sous un grand arbre aux branches étendues, connu sous le nom d'« Arbre de vie ». Puis Ananta commença à raconter une histoire.

– Il était une fois, dit Ananta, un petit oiseau nommé Jiva. Jiva vivait dans cet arbre, l'Arbre de vie. Chaque jour, il chantait joyeusement, se nourrissant des fruits de l'arbre et profitant de la lumière du soleil. Mais un jour, une tempête terrible frappa le royaume. Les vents étaient si puissants qu'ils arrachèrent Jiva de sa branche et le projetèrent au sol.

Ravi écoutait attentivement, se demandant où Ananta voulait en venir.

– Jiva, continua Ananta, s'éteignit sous l'arbre. Mais son histoire ne s'arrête pas là. Car vois-tu, au moment où Jiva quitta son corps, une graine de l'Arbre de vie tomba sur le sol, juste à côté de lui. Cette graine, nourrie par la terre, l'eau et le soleil, commença à germer. Et dans cette graine, l'essence même de Jiva, son âme, était présente.

– Comment cela est-il possible ? demanda Ravi, intrigué.

Ananta sourit.

– L'âme, Ravi, ne meurt pas avec le corps, elle se transforme. Lorsque l'oiseau Jiva quitta son corps, son essence trouva une

nouvelle maison dans la graine qui germait. Cette graine devint un jeune arbre qui portait en lui l'essence de Jiva. Et quand l'arbre mourra, il deviendra à son tour autre chose, peut-être un rocher, un de ces daims qui courent dans la prairie au lever du soleil ou peut-être un jeune garçon plein de vie et de questions comme toi.
Ravi commençait à comprendre.
– Alors, tu veux dire que mon père, même s'il n'est plus dans son corps, a son âme qui trouvera une nouvelle vie, une nouvelle forme ?
– Exactement, répondit Ananta. Dans chaque vie, nous apprenons, nous aimons, nous faisons des erreurs et nous grandissons. Lorsque notre temps dans un corps s'achève, notre âme continue son voyage, portant avec elle les leçons de cette vie. Elle cherche une nouvelle forme, un nouvel endroit pour continuer son apprentissage. C'est cela, la réincarnation. C'est un cycle éternel de naissance, de mort et de renaissance, comme l'oiseau qui renaît à partir de la graine de l'arbre.
Ravi se sentit apaisé par les paroles du sage.
– Alors, mon père n'est pas vraiment parti. Son âme continue son voyage, apprenant et grandissant, n'est-ce pas ?
– Oui, Ravi, dit Ananta en souriant. Et un jour, lorsque ce sera le moment, tu retrouveras son essence, peut-être sous une forme différente, dans une autre vie. L'amour que vous avez partagé reste, et il continue de vivre à travers le cycle de la réincarnation.

***

Le concept de réincarnation est central dans l'hindouisme ou dans le bouddhisme, où la mort est vue comme une transition vers une nouvelle vie. Le *karma*, ou la somme des actions d'une personne dans sa vie actuelle et les vies antérieures, détermine sa prochaine incarnation. Les hindous croient que le cycle des renaissances continue, jusqu'à atteindre le *moksha*, la libération de ce cycle et l'union avec le divin. Chez les bouddhistes, cette union avec le divin et cette libération sont appelées *nirvana*.

Je vous propose au moins le temps d'un exercice d'adopter ce point de vue en répondant à ces différentes questions.

Imaginez en quoi l'être cher disparu aurait pu se réincarner. Choisissez dans les différentes listes proposées, l'objet, l'animal, le végétal et l'être mythique et fantastique dans lequel il aurait aimé ou pu se réincarner.

Objets :

- ☐ Un livre ancien
- ☐ Une horloge
- ☐ Un miroir
- ☐ Une boussole
- ☐ Une montre
- ☐ Un vase
- ☐ Un chandelier
- ☐ Un ordinateur
- ☐ Un réfrigérateur
- ☐ Une assiette
- ☐ Un piano
- ☐ Un bateau à voile
- ☐ Un tableau de maître
- ☐ Un violon
- ☐ Une statue dans un jardin
- ☐ Un banc public dans un parc
- ☐ Une fontaine
- ☐ Un téléphone
- ☐ Un télescope
- ☐ Une carte du monde
- ☐ Un crayon
- ☐ Une voiture
- ☐ Autre (décrivez) : ______________________________

____

____

Animaux :

- ☐ Un chat
- ☐ Un chien
- ☐ Un éléphant
- ☐ Un cheval
- ☐ Un papillon
- ☐ Un loup
- ☐ Un aigle
- ☐ Un dauphin
- ☐ Un cerf
- ☐ Une tortue
- ☐ Un tigre
- ☐ Un lion
- ☐ Un singe
- ☐ Un ours
- ☐ Un renard
- ☐ Un hibou
- ☐ Un perroquet
- ☐ Un requin
- ☐ Un bison
- ☐ Un crocodile

- Un kangourou
- Un pingouin
- Une baleine
- Un caméléon
- Un paon
- Autre (décrivez) : ____________________

____

____

Végétaux :

- Un chêne
- Un saule pleureur
- Un baobab
- Un érable
- Un cactus
- Une orchidée
- Un bambou
- Un pied de vigne
- Un rosier
- Un pied de lavande
- Un palmier
- Une tulipe
- Un pommier
- Une fougère
- Un hibiscus
- Une jonquille
- Un olivier
- Une marguerite
- Un pin
- Un lotus
- Un tournesol
- Un pied de menthe
- Un bouleau
- Un lilas
- Autre (décrivez) : ____________________

____

____

Êtres mythiques ou fantastiques :

- Un dragon
- Un phénix
- Une licorne
- Un esprit de la forêt
- Un faucon de feu
- Une nymphe d'eau
- Un griffon
- Un elfe
- Un esprit du vent
- Un gardien céleste
- Un centaure
- Un minotaure
- Une sirène
- Un troll
- Un géant
- Un vampire
- Une fée
- Un loup-garou

- ☐ Un kraken
- ☐ Une harpie
- ☐ Une chimère
- ☐ Un golem
- ☐ Un djinn
- ☐ Autre (décrivez) : ____________________________________

____

____

Croyez-vous en la réincarnation ?

- ☐ Oui
- ☐ Non
- ☐ Je ne sais pas

***

Le mal a-t-il été créé par Dieu ?

Dans une salle de cours animée d'une université, un débat philosophique prenait forme sous la direction d'un professeur curieux. Il lança à ses étudiants une interrogation profonde :
– Pensez-vous que tout ce qui existe a été créé par Dieu ?
Un étudiant, avec une assurance remarquable, répondit du tac au tac :
– Oui ! Tout ce qui existe a été créé par Dieu.
– Dieu a donc créé absolument tout ? répéta le professeur sur un ton interrogatif.
– Oui, Monsieur, confirma l'étudiant.
Sans perdre un instant, le professeur enchaîna :
– Si Dieu a tout créé, il a aussi créé le mal, puisque le mal existe. Et si nous jugeons nos actes car ils nous définissent, alors cela ferait de Dieu un être malveillant.
Un silence pesant tomba dans la salle, l'étudiant ne trouvant pas de réponse à cette conclusion perturbante. Le professeur, satisfait de son argument apparemment irréfutable, félicita la classe pour avoir, selon lui, démonté le mythe de la foi en Dieu.
Cependant, un autre étudiant leva la main, souhaitant participer à la conversation.

– Puis-je vous poser une question, Monsieur le professeur ?
– Bien sûr.
– Monsieur, le froid existe-t-il vraiment ?
Interloqué par cette question inattendue, le professeur répliqua :
– Quelle drôle de question... Bien sûr que le froid existe. N'avez-vous jamais frissonné ?
La classe rit légèrement de cette interjection, mais l'étudiant, imperturbable, expliqua :
– En réalité, Monsieur, le froid n'existe pas en tant que tel. Selon les principes de la physique, ce que nous appelons le froid est en réalité l'absence de chaleur. Le zéro absolu, soit - 273,15 °C, représente cette absence totale de chaleur, où toute matière cesse de réagir.
L'étudiant continua sans attendre son raisonnement :
– Et l'obscurité, professeur, existe-t-elle vraiment ?
Encore une fois, le professeur affirma que oui.
– Je suis désolé de dire que c'est encore faux, Monsieur. L'obscurité, comme le froid, n'existe pas en soi. Elle est l'absence de lumière. On peut étudier la lumière, mais l'obscurité reste insaisissable. Elle est définie par l'absence de lumière.
Le jeune homme conclut son argumentation avec une question finale :
– Monsieur, le mal existe-t-il réellement ?
Le professeur, visiblement déstabilisé, admit :
– Bien sûr, nous voyons la cruauté et la violence partout dans le monde. Ce sont des manifestations du mal.
L'étudiant répondit calmement :
– Le mal, Monsieur, n'existe pas par lui-même. Il est l'absence de Dieu, tout comme le froid est l'absence de chaleur et l'obscurité l'absence de lumière. Le mal est le résultat de l'absence de l'amour divin dans le cœur des hommes. C'est ce froid qui s'installe quand il n'y a pas de chaleur, cette obscurité qui règne en l'absence de lumière.
Ce jeune homme n'était autre qu'Albert Einstein.

***

Maintenant, explorons les « croyances » qui mettent en avant l'existence du « paradis » et de « l'enfer ». Autorisez-vous à penser, au moins le temps de l'exercice, que le paradis existe et que l'âme de l'être cher disparu y est parvenue. Pourriez-vous décrire ce que serait ce paradis pour lui ?

Commencez par choisir dans cette liste d'objets celui ou ceux que l'être cher disparu posséderait sûrement au paradis.

- ☐ **Livre préféré éternel :** un livre magique qui ne se termine jamais, offrant une source infinie de récits captivants adaptés aux goûts de la personne.
- ☐ **Tapis volant :** un tapis qui permet de se déplacer librement dans les airs, à travers des paysages magnifiques et dans tout l'Univers.
- ☐ **Miroir des souvenirs :** un miroir qui montre les moments les plus heureux de sa vie et de celle des gens qu'il aime à la demande.
- ☐ **Chapeau d'invisibilité :** un chapeau qui, une fois porté, rend la personne invisible et lui permet de se rendre là où elle veut sans être vue, y compris dans le monde des vivants.
- ☐ **Canne à pêche de l'abondance :** une canne à pêche qui garantit toujours une bonne pêche dans le grand lac céleste.
- ☐ **Sac sans fond :** un sac capable de contenir une quantité illimitée d'objets, sans jamais être plein ni lourd.
- ☐ **Pinceau du créateur :** un pinceau qui peint tout ce que l'imagination peut concevoir, en rendant les peintures vivantes.
- ☐ **Horloge du temps :** une horloge qui permet de voyager dans le temps et de visiter les moments passés et futurs à sa guise.
- ☐ **Clé des dimensions :** une clé qui ouvre des portes vers d'autres dimensions ou des mondes imaginaires.
- ☐ **Boussole du destin :** une boussole qui pointe toujours vers ce que désire le plus la personne.
- ☐ **Livre des langues :** un livre qui permet de comprendre et de parler n'importe quelle langue pour discuter avec des personnes de toutes les origines.
- ☐ **Télescope de l'Univers :** un télescope qui permet de voir n'importe quel endroit de l'Univers, sans limite de distance.

- ☐ **Lyre harmonique :** une lyre qui produit de la musique apaisante, adaptée aux émotions de celui qui l'écoute.
- ☐ **Anneau de la paix :** un anneau qui apporte une sensation immédiate de paix intérieure à celui qui le porte.
- ☐ **Cape des saisons :** une cape qui adapte sa température au confort idéal de la personne, quelle que soit la saison environnante.
- ☐ **Fauteuil confortable ultime :** un fauteuil extrêmement confortable, avec une vue imprenable sur un paysage céleste.
- ☐ **Autre (décrivez) :** ____________________

____

Pouvez-vous expliquer pourquoi vous avez choisi ce ou ces objets ? Est-ce que cela a un lien avec ce que l'être cher disparu faisait quand il était là ?

____

____

____

____

____

Choisissez, dans cette liste, la ou les activités qu'aimerait pratiquer l'être cher disparu au paradis.

- ☐ **Explorer des jardins célestes infinis,** où chaque fleur, chaque plante est unique et magique. Contribuer à cultiver et entretenir ce jardin.
- ☐ **Assister à des concerts de musique angélique** joués par des chœurs et des musiciens célestes. Pouvoir composer et jouer à son tour des airs.
- ☐ **Suivre des cours dispensés par des philosophes et des sages de toutes les époques** pour acquérir une profonde sagesse et ensuite la partager à son tour.
- ☐ **Faire du yoga du rire ou méditer pour la paix sur terre** sur des nuages doux comme des coussins. Essayer que ses rires s'entendent jusque sur terre.
- ☐ **Se baigner dans des lacs cristallins qui revitalisent corps et esprit.** Plonger au plus profond de ces lacs pour y découvrir des mystères.
- ☐ **Créer et déguster des mets délicieux dans des ateliers de cuisine divins** avec des ingrédients de toutes origines.

- ☐ **Regarder des pièces de théâtre et des films** mettant en scène des histoires éternelles et inspirantes.
- ☐ **Se promener dans des paysages pittoresques qui changent au gré des désirs.** Grimper au sommet des montagnes du paradis pour contempler le monde céleste.
- ☐ **Rencontrer et discuter avec des êtres aimés et des amis anciens et nouveaux.** Passer du temps avec eux dans la lumière.
- ☐ **Jouer à des jeux inventifs et ludiques.** Ces jeux sont conçus pour stimuler l'esprit et promouvoir la camaraderie. Laisser son cœur d'enfant battre fort.
- ☐ **Faire du shopping dans les grands magasins du ciel,** où se trouvent des vêtements magiques qui magnifient et subliment la beauté.
- ☐ **Naviguer sur des mers tranquilles et immaculées** dans des bateaux qui obéissent à la pensée.
- ☐ **Participer à des courses célestes sur des chevaux ailés ou des chariots de feu,** rivalisant de vitesse à travers des nuages irisés.
- ☐ **Savourer des nectars divins et des ambroisies dans des tavernes éthérées,** où l'on peut boire sans limite et connaître une ivresse éternelle.
- ☐ **Faire l'amour dans des alcôves mystiques enveloppées de brumes enchanteresses,** où chaque étreinte est une union de l'âme et du désir céleste.
- ☐ **Chanter et danser lors de fêtes éternelles,** célébrant l'éclat de la vie et de l'au-delà avec des mélodies qui captivent le cœur et des danses qui libèrent l'esprit.
- ☐ **Participer à des banquets sans fin, où des tables regorgent de plats exquis** de tous les coins du paradis, offrant une abondance de saveurs et une satisfaction sans limites.
- ☐ **Autre (décrivez) :** ______________________________

____

Au paradis, avec quelle personne célèbre la personne disparue aurait-elle envie de passer un moment ? Elle préférerait :

- ☐ Jouer de la guitare avec Elvis Presley
- ☐ Demander à Léonard de Vinci : « Mais au fait, pourquoi elle sourit ? »

- ☐ Boire le thé avec Confucius, le philosophe chinois
- ☐ Débattre du néoféminisme avec Simone de Beauvoir
- ☐ Échanger avec Albert Einstein sur la physique quantique
- ☐ Peindre avec la célèbre peintre mexicaine Frida Kahlo
- ☐ Boire du peyotl avec Jim Morrison
- ☐ Fumer de la marihuana avec Bob Marley
- ☐ Rencontrer Nelson Mandela, le leader anti-apartheid
- ☐ Discuter nouvelles technologies et IA avec Steve Jobs
- ☐ Parler stratégie militaire avec César
- ☐ Apprendre à jouer du piano avec Mozart
- ☐ Méditer avec Gandhi
- ☐ Faire des maths avec Pythagore
- ☐ Prendre un cours de danse avec Rudolf Noureev
- ☐ Créer un film avec Charlie Chaplin
- ☐ Imaginer un dessin animé avec Walt Disney
- ☐ Concevoir une robe avec Coco Chanel
- ☐ Participer à un café philo avec Socrate
- ☐ Autre (décrivez) : ________________________________

____

Est-ce qu'il y a des personnes proches que l'être cher disparu aimait beaucoup et qu'elle serait heureuse de retrouver au paradis ?

☐ Oui ☐ Non

☐ Je ne sais pas

Si oui, lesquelles ? Décrivez :

____

____

____

____

____

____

____

____

***

Dans les traditions religieuses africaines, qui sont extrêmement diverses et varient considérablement d'une région à l'autre, les esprits des ancêtres, appelés « *amadlozi* » chez les Zoulous, « *ara orun* » chez les Yorubas ou encore « *mizimu* » dans certaines cultures d'Afrique de l'Est, jouent un rôle central.
Ces esprits sont considérés comme des intermédiaires entre le monde des vivants et celui des dieux. Ils peuvent influencer la vie quotidienne en offrant protection, conseils et même des actions réelles lorsque nécessaire. Les ancêtres sont fréquemment invoqués lors de rituels spécifiques, où la communauté ou les individus peuvent leur adresser des prières, leur faire des offrandes ou demander leur intercession.

***

Ces « croyances » nous proposent une approche différente. Elles nous invitent à être à l'écoute de ce qui se passe autour de nous, pour repérer la présence des esprits dans nos vies. En effet, d'après ces « croyances », les esprits sont toujours présents. Ils ne nous quittent pas au moment du décès, ils vivent avec nous. Si nous ne percevons pas leur existence, c'est juste que nous ne sommes pas suffisamment attentifs aux signes de leur présence. Explorons ensemble cette croyance, si vous être d'accord.

Ne vous sentez pas obligé de croire en quoi que ce soit, ouvrez juste votre esprit et le champ de vos perceptions.

Depuis la disparition de l'être cher, vous est-il arrivé de faire l'expérience suivante ?

- ☐ **Sensations physiques soudaines et inexplicables :** sentir une caresse sur la joue, une main sur l'épaule ou une présence à côté de soi, même lorsque personne n'est visible.
- ☐ **Parfums inattendus :** sentir brusquement le parfum ou l'odeur caractéristique du proche disparu, comme son parfum préféré ou l'odeur de son plat de prédilection.

- ☐ **Électricité et appareils électroniques :** observer des anomalies électriques, telles que des ampoules qui scintillent, la télévision qui s'allume ou change de chaîne spontanément.
- ☐ **Apparitions dans les rêves :** rêver de la personne disparue qui communique ou semble apporter un message ou du réconfort.
- ☐ **Objets déplacés :** retrouver des objets personnels ayant appartenu à la personne disparue, déplacés ou mis en évidence d'une manière qui semble intentionnelle.
- ☐ **Apparitions visuelles :** apercevoir des silhouettes ou des visions fugaces de la personne disparue dans un reflet, une fenêtre ou du coin de l'œil.
- ☐ **Synchronicités :** expérimenter des coïncidences significatives qui rappellent la personne disparue, comme entendre sa chanson préférée dans un moment particulier.
- ☐ **Sensations de chaleur ou de froid :** ressentir soudainement des variations de température sans explication logique, associées à une sensation de présence.
- ☐ **Phénomènes naturels :** observer des phénomènes, tels qu'un arc-en-ciel ou une configuration particulière de nuages, qui vous font penser à la personne disparue.
- ☐ **Animaux messagers :** rencontrer des animaux qui étaient significatifs pour la personne disparue ou qui semblent agir de manière inhabituelle.
- ☐ **Autre (décrivez) :** ____

____

Si vous vivez des expériences étranges, ne cherchez pas à les juger. Ne cherchez pas forcément à savoir ce qui se passe exactement ou à vous raisonner. Laissez faire. Accueillez les manifestations étranges et laissez votre cœur vous guider. N'en parlez pas à des personnes trop rationnelles ou à l'esprit étroit. Elles vous rabroueraient ou se moqueraient de vous. Encore une fois, nous ne sommes pas en quête de vérité, mais en quête de « croyances aidantes » et de manifestations qui peuvent nous soulager.

Ne vous inquiétez pas non plus si vous ne percevez aucune manifestation étrange. Cela ne signifie pas qu'il n'y a rien. Contentez-vous d'être attentif aux signes.

Quand vous vous sentez seul, vous arrive-t-il de ressentir soudainement une présence apaisante ou rassurante ?

☐ Oui ☐ Non

☐ Je ne sais pas

Si oui, décrivez :

Avez-vous déjà senti que quelqu'un vous parlait ou vous guidait dans vos pensées ou décisions, surtout dans des moments d'incertitude ou de difficulté ?

☐ Oui ☐ Non

☐ Je ne sais pas

Si oui, décrivez :

Pensez-vous que l'être cher disparu pourrait vous envoyer des signes ? Quels types de signes ou de manifestations cela pourrait-il être ?

Y a-t-il des moments particuliers de la journée ou des lieux spécifiques où vous vous sentez plus proche de l'être cher disparu ? Pourquoi ces moments ou lieux vous semblent-ils significatifs ? Expliquez.

Avez-vous déjà essayé de communiquer intentionnellement avec ce proche par la méditation, la prière ou en lui parlant à haute voix ?

☐ Oui ☐ Non

☐ Je ne sais pas

Si oui, qu'avez-vous ressenti lors de ces moments ?

Comment interprétez-vous les rêves où cette personne apparaît ? Pensez-vous que ces rêves pourraient être un moyen pour elle de communiquer avec vous ?

En réfléchissant aux moments où vous avez ressenti la présence de cette personne, quel impact cela a-t-il eu sur votre état émotionnel ou vos actions à ce moment-là ?

***

L'expérience de mort imminente (EMI) de Claire

Claire avait 45 ans. Elle menait une vie normale et épanouissante quand un jour, alors qu'elle conduisait pour rentrer chez elle après une longue journée de travail, elle ressentit une douleur aiguë dans la poitrine. Elle tenta de se garer sur le côté de la route, mais avant même de pouvoir appeler à l'aide, tout devint noir.

Elle se réveilla dans un lit d'hôpital, mais ce réveil n'était pas comme les autres. Claire comprit avec une étrange clarté qu'elle flottait au-dessus de son corps. Elle voyait son propre corps étendu sur le lit, entouré d'infirmiers et de médecins qui s'affairaient autour d'elle, la défibrillant, vérifiant ses signes vitaux, criant des ordres.

Mais elle ne ressentait ni peur ni douleur, juste une étrange curiosité, comme si elle regardait un film se dérouler devant elle. À cet instant, elle ressentit une attirance irrésistible vers le plafond de la salle, comme si une force douce mais ferme la poussait vers le haut. Elle se sentit aspirée dans un tunnel sombre, mais pas effrayant. Le tunnel semblait s'étirer à l'infini, mais à l'autre bout, une lumière brillante et chaude l'accueillait. Cette lumière n'était pas aveuglante mais enveloppante, comme si elle l'appelait, lui promettant une sécurité et une paix infinies.

Alors qu'elle s'approchait de la lumière, elle commença à voir des silhouettes familières. Elle reconnut immédiatement son grand-père, décédé plusieurs années auparavant, qui se tenait là avec un sourire apaisant. À ses côtés, il y avait sa meilleure amie d'enfance, partie trop tôt à cause d'une maladie. Ils ne parlaient pas, mais leurs présences seules lui transmettaient un sentiment profond d'amour et de réconfort. C'était comme s'ils communiquaient directement avec son cœur, sans avoir besoin de mots.

Puis, tout autour d'elle, des scènes de sa vie commencèrent à défiler à une vitesse incroyable. Elle se revit enfant, grimpant aux arbres, courant sur la plage, riant aux éclats avec ses amis. Elle revécut des moments qu'elle avait oubliés depuis longtemps : son premier amour, son mariage, la naissance de ses enfants. Elle ressentait chaque émotion intensément, comme si elle les vivait pour la première fois, mais avec une compréhension plus profonde de leur signification.

Elle revit aussi des moments difficiles – des disputes, des erreurs, des regrets. Mais étrangement, au lieu de ressentir de la culpabilité ou de la honte, elle ressentait une immense compassion pour elle-même et pour les autres impliqués. C'était comme si elle comprenait enfin que chaque événement de sa vie, bon ou mauvais, avait une place et une raison d'être dans le grand schéma de son existence.

Au cœur de cette expérience, Claire se sentit enveloppée d'un sentiment de paix incommensurable, un amour inconditionnel qui semblait émaner de la lumière elle-même. Elle se sentit complètement détachée de ses préoccupations terrestres, comme si tous ses soucis et toutes ses peurs avaient été lavés par cette lumière.

Soudain, elle entendit une voix douce mais ferme. Elle ne put distinguer si c'était celle de son grand-père ou une autre présence, mais elle savait qu'elle venait de cette lumière.

– Ce n'est pas ton heure, Claire. Tu dois retourner. Il te reste encore des choses à accomplir, lui disait la voix.

Avant même qu'elle puisse protester ou poser des questions, elle ressentit une traction inverse, la ramenant à travers le tunnel à une vitesse vertigineuse. Elle se sentit aspirée vers le bas, et soudain, elle fut à nouveau dans son corps, ressentant la lourdeur de la chair, les battements rapides de son cœur et la douleur qui revenait avec force.

Elle ouvrit les yeux et vit les visages tendus des médecins et des infirmiers autour d'elle.

***

Étape n° 5

Je me reconnecte pleinement et totalement à l'être cher disparu

« Ceux que nous aimons ne disparaissent jamais vraiment ; ils marchent à nos côtés tous les jours, invisibles, inaudibles, mais toujours près, toujours aimés. »

ANONYME

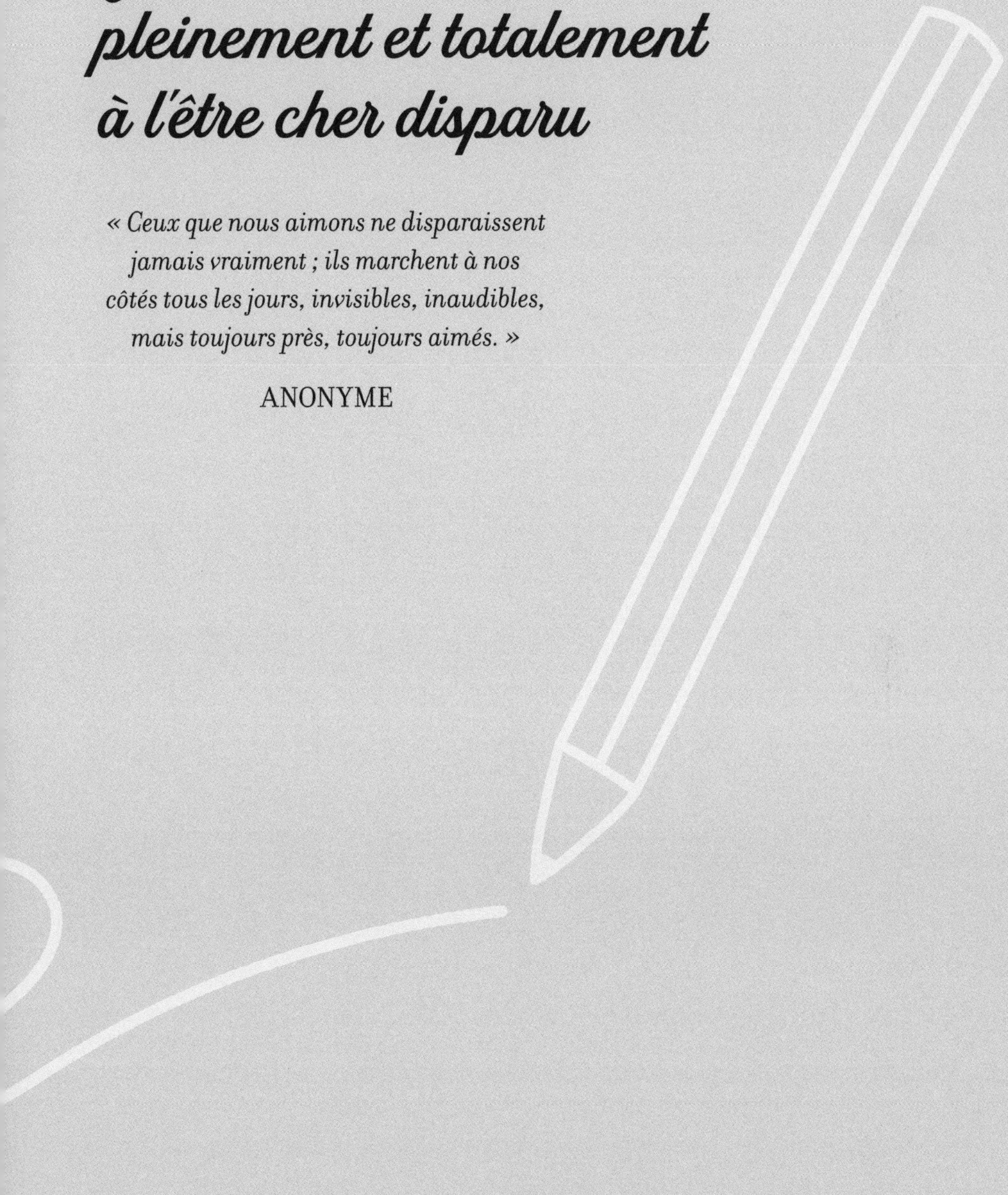

***

Danser pour la sentir vivante

Je vais te raconter ce qui s'est passé ce jour-là. Ce jour où j'ai dansé devant son cercueil.
Agnès, c'était tout pour moi. Une enseignante passionnée, lumineuse, aimée de tous… Et puis, tout a basculé. Elle a été tragiquement arrachée à nous, poignardée par un de ses élèves dans sa salle de classe, au lycée Saint-Thomas-d'Aquin. Elle était partie, mais je sentais que je devais lui rendre hommage, d'une manière qui était vraiment nous, quelque chose qui rendrait compte de ce que nous partagions.
Après la cérémonie funéraire, sur le parvis de l'église, j'ai pris une grande inspiration et je me suis avancé. Je me suis tenu seul devant son cercueil. J'ai mis « Love » de Nat King Cole, la chanson que nous aimions tant, celle sur laquelle nous avions dansé des centaines de fois. Cette danse, c'était la nôtre, et nous aurions dû la danser ensemble, comme nous l'avions toujours fait.
Mais tu sais, quand je dansais ce jour-là, je ne me sentais pas seul. Je sentais sa présence tout autour de moi. C'était comme si elle était là, juste à côté de moi, sa main dans la mienne, sa joue posée contre la mienne. Je pouvais sentir ses hanches se balancer doucement, comme toujours, sa chaleur contre moi. Chaque mouvement, chaque pas de danse, c'était comme si elle était encore là, guidée par notre amour, présente, vivante, avec moi.
Je n'ai pas dansé seul. Non, je dansais avec Agnès. Je la sentais si intensément, si complètement présente. C'était une communion, un dernier moment partagé, un adieu qui n'en était pas vraiment un. Parce que je sais, au fond de moi, que tant que je danserai, elle continuera de danser avec moi.
Et puis, peu après, d'autres couples sont venus me rejoindre. Ils ont commencé à danser eux aussi, en hommage à Agnès, à notre amour. Ce n'était plus une danse de deuil, mais une célébration de ce que nous avions vécu, de la vie qu'elle avait apportée à tous

ceux qu'elle avait touchés. Je me suis senti entouré d'amour et de soutien. On était là ensemble, tous unis, dans cette danse pour elle.
C'était un moment que je n'oublierai jamais, un instant suspendu dans le temps, où malgré la douleur de la perte, j'ai ressenti la paix, l'amour et l'espoir. Agnès était là, et elle le sera toujours, dans chaque danse, dans chaque souvenir, dans chaque battement de mon cœur.

Témoignage imaginé de Stéphane, compagnon bien réel d'Agnès, partie trop tôt

***

L'une des voies thérapeutiques pour apaiser sa douleur face au deuil est d'apprendre à se reconnecter à l'être cher disparu. Les scientifiques vous diront que c'est matériellement impossible. Mais nous ne cherchons pas à ce que cela soit matériellement vrai. Nous cherchons à ce que cela soit vrai sur le plan affectif et spirituel. De la même manière que Stéphane danse réellement avec sa compagne défunte le jour de ses obsèques, vous pouvez vous reconnecter réellement à l'être cher disparu.

Comment est-ce possible ?

Cela est rendu possible grâce au pouvoir de l'esprit. L'inconscient n'est pas gouverné par les mêmes lois que le conscient. Il n'y a rien de magique, si ce n'est la magie inhérente au fonctionnement de l'esprit. Je ne vous demande pas de croire, pas plus que de ne pas croire, en la vie après la mort. Je vous demande simplement de faire des expériences, de vous autoriser à vous reconnecter à cette personne qui était chère à vos yeux, qui est partie trop tôt, mais qui en réalité n'est pas totalement disparue.

Je vous invite à ne partager cette expérience qu'avec des personnes bienveillantes et ouvertes d'esprit. Il y a trop de gens méchants, à l'esprit étroit dans notre société, qui passent leur temps à juger et à se moquer de leurs semblables. Ces gens, dès qu'ils sont confrontés à quelque chose qu'ils sont incapables de comprendre, se mettent à pérorer à tort et à travers. N'en parlez qu'à des personnes de confiance, qui n'ont pas d'a priori et qui accueilleront votre récit sans chercher à vous juger.

Ces précautions étant prises, je vous propose de commencer. Pour cela, installez-vous confortablement dans un lieu où vous ne risquez pas d'être dérangé. Cela est valable pour le reste du livre, mais encore plus maintenant. C'est un moment solennel qui ne doit pas être perturbé par des bruits extérieurs ou la sonnerie d'un téléphone portable. Vous devez pouvoir vous concentrer à 100 % sur cette expérience. Vous devez pouvoir concentrer toute votre attention sur ce que vous allez vivre.

***

Le mot oublié

Il était une fois, dans un village lointain, une jeune fille nommée Tamara. Tamara avait une relation très spéciale avec son père, un homme sage et bienveillant qui travaillait comme conteur. Il avait l'habitude de dire à Tamara que les mots ont un pouvoir immense, qu'ils peuvent guérir des cœurs, construire des ponts entre les âmes, et même garder en vie les souvenirs des êtres chers.

Un jour, son père tomba gravement malade. Avant de s'éteindre, il murmura à Tamara :

– Il y a un mot… Un mot que tu dois garder près de ton cœur. Ce mot te ramènera toujours à moi.
Mais dans la confusion et la douleur de ces derniers instants, Tamara ne put entendre clairement le mot que son père voulait qu'elle retienne. Après sa mort, Tamara se sentit dévastée par la perte et hantée par l'incapacité de se souvenir de ce mot si important.

Pendant des mois, Tamara chercha désespérément ce mot. Elle demanda à sa famille, aux amis de son père, et même à des étrangers s'ils savaient quel mot avait été si cher à son père.
Mais personne ne pouvait l'aider. Elle lisait des livres, récitait des poèmes, et essayait chaque mot qui lui venait à l'esprit, espérant que l'un d'eux lui apporterait la paix. Mais rien ne semblait juste.
Un soir, épuisée par la recherche et accablée de chagrin, Tamara alla se promener au bord de la rivière, un endroit où elle se rendait fréquemment avec son papa. Assise sur une vieille pierre, elle ferma les yeux et se laissa emporter par le son apaisant de l'eau qui coulait. À travers ses larmes, elle murmura :
– Papa, quel est ce mot ? Montre-moi le chemin…
À cet instant, un vent doux se leva, balayant doucement ses cheveux. Elle entendit alors, tout doucement, comme un murmure dans le vent, les mots « souviens-toi ». C'étaient deux mots simples, mais ils résonnèrent en elle avec une force inattendue. Elle sentit alors une chaleur douce et réconfortante dans son cœur, et elle se rappela tous les moments passés avec son père – chaque rire, chaque histoire, chaque leçon apprise.
Elle comprit que le mot qu'elle cherchait n'était pas un mot magique ou mystérieux, mais un rappel : « souviens-toi ». Se souvenir de lui, de son amour, de sa sagesse et de sa présence. Chaque fois qu'elle prononçait ces mots, elle sentait une connexion immédiate avec lui, comme si une partie de son esprit et de son cœur se rallumait.
Tamara comprit que son père ne lui avait pas donné un mot pour chercher sans fin, mais une clé pour ouvrir la porte de ses souvenirs et se reconnecter à lui à travers le pouvoir du souvenir.
Ces mots devinrent son ancre, son pont vers son père, et chaque fois qu'elle se sentait seule, elle les prononçait doucement et son cœur se remplissait de l'amour éternel de son père.

***

S'il devait exister un mot qui vous permette de vous reconnecter immédiatement à l'être cher disparu, quel serait-il ?

____

Il s'agit d'un mot qui, un peu à la manière d'une clé, vient ouvrir une porte qui donne sur tout un univers. Cet univers est fait de souvenirs, que vous avez partagés avec l'être cher disparu. C'est un mot qu'il suffit de prononcer ou d'entendre et qui peut déclencher l'évocation de souvenirs heureux. Ce mot est un appel pour remplir l'absence.

Pouvez-vous me raconter trois souvenirs particulièrement heureux avec l'être cher disparu ?

Mon premier souvenir heureux :

____

____

____

____

____

Mon deuxième souvenir heureux :

____

____

____

____

____

Mon troisième souvenir heureux :

____

____

____

____

____

____

Pour l'inconscient, l'espace et le temps n'existent pas. Tous les événements, quel que soit le moment où ils ont réellement eu lieu, se déroulent au même moment dans l'inconscient. C'est la raison pour laquelle il est possible que le souvenir d'un événement traumatique continue à vous hanter vingt ans après s'être produit. Mais c'est aussi la raison pour laquelle un souvenir heureux peut aussi vous habiter totalement, trente ans après avoir eu lieu. Il produira le même effet que s'il se déroulait maintenant.

L'inconscient ne fait pas non plus la distinction entre le réel et l'imaginaire. Ce qui est imaginé dans votre esprit peut ainsi produire les mêmes effets que des événements réels. Certaines personnes ont peur de choses qui n'existent pas. Pensez à la peur très répandue de prendre l'avion, alors qu'il n'y a pratiquement jamais d'accidents. Inversement, on peut créer des sentiments très positifs en imaginant qu'une personne est présente, même si elle ne l'est pas. L'imaginaire vient remplacer le réel.

C'est pour cette raison que l'absence peut redevenir présence, que ce qui a matériellement disparu peut renaître, et que les vivants peuvent tenir conversation avec les morts... Il ne s'agit pas de phénomènes surnaturels, non, juste de phénomènes psychologiques. En s'appuyant sur ces phénomènes, on peut trouver de l'apaisement. On peut les habiller si on le souhaite de croyances religieuses. Mais ce n'est pas nécessaire. Il suffit de se laisser guider par ses émotions et de vivre pleinement l'instant.

Pouvez-vous choisir à une couleur qui vous fait penser à l'être cher et disparu ? Cette couleur peut vous faire penser à un événement, une action ou un endroit qui lui est lié.

- ☐ Rouge
- ☐ Orange
- ☐ Jaune
- ☐ Vert
- ☐ Bleu
- ☐ Indigo
- ☐ Violet
- ☐ Noir
- ☐ Blanc
- ☐ Gris
- ☐ Marron
- ☐ Beige
- ☐ Turquoise
- ☐ Bordeaux
- ☐ Mauve
- ☐ Rose
- ☐ Or
- ☐ Argent
- ☐ Autre (décrivez) : ______________________________

____

Réécrivez ici le nom de cette couleur :

____

Maintenant, je voudrais que vous vous concentriez sur cette couleur en fermant les yeux quelques instants. Laissez venir à vous les images, les sons, les odeurs, les goûts et les sensations qui sont liés à cette couleur. Prenez votre temps. Si cela génère des émotions intenses, accueillez-les.

Notez ici tout ce que vous avez vu, entendu, senti, goûté ou ressenti.

____

____

____

____

____

____

____

____

____

____

____

____

Choisissez maintenant un son qui vous fait penser à l'être cher disparu. Je voudrais que vous vous concentriez maintenant sur ce son qui vous rappelle l'être cher disparu.

Quel est ce son ? Est-ce une musique ? Le bruit fait par un objet en particulier ? Un son produit par l'être cher disparu lui-même ? Notez quel est ce son ici :

____

Je voudrais maintenant que vous fermiez les yeux et que vous essayiez de vous concentrer sur ce son. Laissez ensuite votre esprit vagabonder. Laissez venir à vous les images, les odeurs, les goûts et les sensations qui sont associés à ce son.

Notez ici tout ce que vous avez vu, entendu, senti, goûté ou ressenti.

____

____

____

____

Pouvez-vous maintenant penser à une sensation corporelle qui vous rappelle l'être cher disparu ? Cette sensation peut vous faire penser à un événement, une action ou un endroit qui lui est lié.

- ☐ Un frisson léger sur la peau
- ☐ La chaleur d'un rayon de soleil sur le visage
- ☐ La fraîcheur du vent caressant les cheveux
- ☐ La sensation de pluie fine sur les mains
- ☐ Le froid d'une brise matinale sur le cou
- ☐ La douceur d'un tissu en laine sur la peau
- ☐ La sensation de sable chaud sous les pieds
- ☐ Le contact frais de l'eau sur la peau
- ☐ La chaleur d'une tasse entre les mains
- ☐ Le contact d'une couverture douce sur le corps
- ☐ Une légère pression sur l'épaule, comme une main rassurante
- ☐ La sensation de doigts entrelacés
- ☐ La douceur d'une étreinte
- ☐ Le contact rugueux d'un vieux cuir sous les doigts
- ☐ La sensation d'une caresse légère sur la joue
- ☐ La fraîcheur de l'herbe sous les pieds nus
- ☐ Le poids d'un manteau chaud sur les épaules
- ☐ Le contact soyeux des cheveux contre la peau
- ☐ La fraîcheur du marbre ou du bois sous la main
- ☐ La chaleur d'un feu de cheminée
- ☐ Autre (décrivez) : ______________________________

À présent, je voudrais que vous vous concentriez sur cette sensation en fermant les yeux quelques instants. Laissez venir à vous les images, les sons, les odeurs, les goûts qui sont liés à cette sensation. Prenez votre temps. Si cela génère des émotions intenses, accueillez-les.

Notez ici tout ce que vous avez vu, entendu, senti, goûté ou ressenti.

***

Le vieux pont

Il était une fois un vieux sage nommé Kaho, un homme réputé pour son habileté à communiquer avec les esprits. Les villageois venaient fréquemment lui demander conseil, notamment lorsqu'ils souhaitaient des réponses à des questions auxquelles seule une personne décédée aurait pu répondre.

Un jour, un jeune homme vint voir Kaho, désespéré. Son père, autrefois un grand bâtisseur, était mort, emportant avec lui les plans d'un pont essentiel pour le village. Sans ce pont, les villageois ne pouvaient plus accéder aux terres fertiles de l'autre côté de la rivière et couraient un grave danger.

Le sage Kaho accepta de l'aider. Il emmena le jeune homme dans une forêt sacrée, un lieu où l'on disait que l'âme des ancêtres errait encore. Après une longue méditation, Kaho murmura des paroles inaudibles. Selon la légende, l'esprit du père du jeune homme apparut, invisible aux yeux de tous, sauf à Kaho.

Kaho écouta attentivement. Puis, au bout d'un moment, il ouvrit les yeux et prononça des mots simples :

– Les plans sont déjà dans ton cœur.

Le jeune homme, perplexe, rentra chez lui. Peu à peu, en repensant aux leçons que son père lui avait transmises de son vivant, il commença à dessiner un pont, non pas identique à celui que son père aurait conçu, mais unique et parfait pour la situation. Il ordonna ensuite la conduite des travaux.

Le village fut sauvé grâce à cette construction. Le jeune homme comprit que la sagesse des ancêtres était déjà en lui. Il lui suffisait de l'écouter.

***

Prenez trois inspirations profondes et fermez les yeux à nouveau. Je voudrais que vous repensiez à un endroit où vous avez passé un moment agréable avec l'être cher disparu. Souvenez-vous des couleurs, des sons, des odeurs, des sensations qui sont liés à ce moment. Prenez le temps de bien vous concentrer…

Je voudrais que vous vous concentriez maintenant pour vous souvenir de l'être cher disparu. À quoi ressemblait-il ? Pensez à la forme de son visage, à son regard, à son sourire, à l'énergie qui se dégageait de lui…

Décrivez l'être cher disparu. Que fait-il ?

____

____

____

____

____

____

____

____

____

____

____

____

Maintenant, fermez les yeux à nouveau… Et dès que vous aurez les yeux fermés, parlez-lui. Posez-lui ces trois questions et laissez-le répondre. Ne vous désespérez pas s'il demeure silencieux. Laissez-lui le temps.

- Comment vas-tu ?
- Que fais-tu ?
- Est-ce que tu te souviens de moi ?

L'être cher disparu vous a-t-il répondu ?

☐ Oui ☐ Non

☐ Je ne sais pas

Si oui, que vous a-t-il répondu ? Décrivez :

Ne soyez pas trop impatient. Il est possible que la réponse vienne plus tard, sous la forme d'une pensée ou même pendant vos rêves. Soyez juste attentif aux signes et aux messages. Je suis convaincu que vous devriez ressentir prochainement, avec plus de force, la présence de l'être cher disparu. Abandonnez les croyances qui vous laissent penser qu'il n'est plus là. Autorisez-vous au contraire à croire qu'il demeure une trace, quelque chose, et que cette chose demeure pour vous soutenir et vous aider.

Maintenant, je vous propose de réaliser plusieurs exercices. Tous ces exercices ont pour objectif de vous aider à vous « connecter » à l'être cher disparu. Choisissez ceux qui vous plaisent le plus et vous semblent le plus accessibles. Vous n'êtes pas obligé de tous les faire. Ce qui compte, c'est de trouver du plaisir dans ces exercices. Parfois, cela peut être un peu douloureux, mais ce qui compte, c'est que le sens soit positif. Si des angoisses surviennent, reprenez les exercices plus tard, quand vous serez apaisé.

***

Lettre à l'invisible

Objectif :
Cet exercice vise à permettre une expression émotionnelle et un sentiment de proximité avec l'être cherndisparu.

Matériel nécessaire :
– Une feuille de papier et un stylo ou un ordinateur
– Une photo de la personne ou un objet qui vous rappelle cette personne

Préparation :
– Placez la photo de la personne ou l'objet à côté de vous.
– Fermez les yeux et respirez profondément pour vous détendre.
– Visualisez l'être cher disparu.
– Imaginez-le assis en face de vous, souriant et paisible.

Écriture de la lettre :
Commencez la lettre par une salutation affectueuse, comme si vous écriviez à quelqu'un de vivant.
Exprimez tout ce que vous ressentez et que vous auriez envie de partager avec cet être cher. Parlez de votre vie actuelle, des changements depuis son départ, et de l'impact de son absence sur votre quotidien.
Posez des questions si vous en ressentez le besoin, même si vous savez que vous n'obtiendrez pas de réponses directes.
Terminez par des mots de remerciement pour les bons moments passés ensemble.
Exprimez l'espoir de garder sa mémoire vivante et de continuer à partager votre vie avec lui, en pensée.

***

***

L'objet de souvenir

Objectif :
Cet exercice permet de se reconnecter à un être cher disparu à travers un objet symbolique, tout en favorisant un moment d'introspection.

Matériel nécessaire :
Un objet qui appartenait à la personne ou qui vous rappelle cette personne.

Étapes :
– Choisissez un endroit calme où vous ne serez pas dérangé.
– Prenez l'objet dans vos mains et concentrez-vous sur ce qu'il évoque en vous.
– Laissez surgir les souvenirs liés à cette personne et cet objet. Revivez mentalement ces moments, les émotions associées, et écrivez ce qui vous vient à l'esprit.
– Terminez en écrivant une phrase positive ou apaisante sur ce que cet objet vous apporte dans votre vie actuelle.

***

***

Le jardin des souvenirs

Objectif :
Permettre de revisiter des souvenirs positifs et apaisants liés à une personne disparue.

Matériel nécessaire :
Aucun

Étapes :
– Fermez les yeux et visualisez un jardin tranquille, rempli de fleurs, d'arbres et d'éléments naturels qui vous apaisent.
– Imaginez que dans ce jardin, vous retrouvez des souvenirs précieux avec la personne disparue, sous forme de fleurs ou de pierres.
– Prenez quelques instants pour interagir avec ces souvenirs : respirez profondément, appréciez leur beauté et leur signification.
– Quand vous êtes prêt, ouvrez les yeux et notez les sentiments et les pensées qui vous sont venus pendant cette visualisation.

***

Étape n° 6

Je m'éloigne, je commence à me séparer, je trouve la bonne distance

« La question de savoir ce que vous voulez posséder est en réalité la question de savoir comment vous voulez vivre votre vie. »

MARIE KONDO

Avant de commencer les exercices de ce chapitre, je souhaiterais prendre quelques instants pour vous expliquer comment fonctionne notre lien aux autres personnes vivantes ou disparues. Notre lien aux autres personnes s'incarne pour partie dans des objets matériels. Ces objets ont ce qu'on appelle une « puissance évocatrice », c'est-à-dire qu'ils ont la capacité d'évoquer l'autre personne. Ils nous la rappellent consciemment ou inconsciemment. Ce faisant, ils entretiennent le lien à cette personne.

Ce mécanisme psychologique se déroule la plupart du temps sur le plan inconscient. Nous ne nous en rendons pas compte. Mais cela fonctionne ! Cela peut être une photo, un livre, un vêtement, un ustensile de cuisine, une fleur dans le jardin... Peu importe le ou les objets impliqués. Ces objets évoquent la personne disparue et la rendent présente à nous. Tant qu'ils sont présents, elle sera présente. Ce qui signifie que le jour où ces objets disparaissent, la personne va devenir plus absente dans votre esprit.

Dans le processus de deuil, dire au revoir ne consiste pas à prononcer quelques paroles ou à penser très fort que l'on dit au revoir. Il consiste à réduire d'une façon significative le nombre d'objets capables d'évoquer l'être cher dans notre environnement immédiat. Dit autrement, et ce même si cela peut vous paraître prosaïque, dire au revoir consiste à faire du rangement. Il s'agit d'un rangement réfléchi, minutieux et mesuré qui doit vous amener à ne conserver que quelques objets pouvant rappeler l'être cher.

***

La maison du souvenir

Marie avait toujours rêvé de rénover une maison à la campagne, un projet qu'elle partageait avec son époux, Pierre. Ensemble, ils avaient acheté une vieille bâtisse en ruine, la pierre froide des murs racontait déjà une histoire ancienne, et ils avaient passé des années à lui redonner vie. Chaque pièce, chaque coup de pinceau, chaque meuble qu'ils choisissaient portait leur empreinte, un mélange de leurs goûts et de leur amour. La maison devenait une extension d'eux-mêmes, un sanctuaire. Mais lorsque Pierre est décédé subitement, tout a changé. La maison, autrefois un symbole de leur avenir, s'est transformée en une prison silencieuse pour Marie, lourde du poids des souvenirs et du deuil non résolu.

Jour après jour, elle errait dans les pièces vides, incapable de tourner la page, comme si quitter cette maison aurait été trahir la mémoire de Pierre. Chaque recoin la confrontait à son absence, mais elle ne pouvait se résoudre à s'éloigner de ces murs qui, autrefois, avaient résonné de leurs rires et de leurs projets. Marie s'accrochait à cette maison, pensant que rester là serait la seule façon de garder Pierre près d'elle. Pourtant, cette maison, à la fois refuge et tombeau, l'empêchait de guérir, de trouver un nouveau sens à sa vie sans lui.

Il fallut longtemps pour que Marie comprenne que pour faire son deuil, elle devait partir. Pierre vivait dans ses souvenirs, pas dans les murs de cette maison. Elle a compris que tant qu'elle restait, elle restait prisonnière d'un passé figé, incapable d'avancer. Quitter la maison ne signifiait pas oublier Pierre, mais plutôt libérer l'espace nécessaire pour réinventer sa vie, pour laisser la lumière entrer à nouveau. Avec beaucoup de douleur, mais aussi une nouvelle détermination, elle décida de vendre la maison et de commencer un nouveau chapitre de sa vie, portant Pierre dans son cœur, mais libérée du poids de leur passé partagé.

***

Pour faire son deuil, il est nécessaire de se séparer d'un certain nombre d'objets, voire de se séparer et de quitter des lieux qui sont trop chargés sur le plan de la mémoire. Comme dans l'histoire de Marie, beaucoup s'y refusent, ayant le sentiment de trahir, mais cela est absolument nécessaire. Car les objets ou les maisons sont hantés de souvenirs. Continuer à vivre avec eux ou au même endroit revient à se laisser hanter à son tour par les souvenirs, sans pouvoir regarder devant soi.

Pour faire votre deuil, vous devez vous séparer de nombreux objets et en conserver seulement quelques-uns. Ces objets seront conservés dans un endroit, mais pas dans un endroit où ils sont visibles directement. Cet endroit contiendra la mémoire de l'être cher disparu. C'est ainsi que vous pouvez discipliner votre propre mémoire et éviter que des souvenirs douloureux ne fassent sans cesse irruption dans votre esprit. Vous vous rendrez dans cet endroit pour vous recueillir et vous connecter.

J'ai évoqué avec vous l'un de mes voyages à Okinawa et ma découverte d'un petit autel du souvenir destiné à honorer les ancêtres. Dans le logement d'Okinawa où je me suis rendu, cet autel n'était pas ouvert et les objets qu'il contenait n'étaient pas visibles. Il n'y a que quand, chaque jour, l'un des habitants décidait d'honorer ses ancêtres, qu'il ouvrait cet autel, que les objets devenaient apparents et lui rappelaient alors pleinement son père. Puis une fois qu'il s'était recueilli, il le refermait.

Commencez par lister ici tous les objets qui vous font penser à l'être cher disparu pour chaque pièce de l'endroit où vous vivez. Pour cela, passez dans chaque pièce et notez-les.

Dans le salon et la salle à manger :

____

____

____

____

____

Dans votre chambre :

Dans la salle de bains et les toilettes :

Dans la cave et le garage :

Dans le jardin (si vous en avez un) :

Parmi tous ces objets, choisissez maintenant au maximum 10 objets que vous souhaiteriez réellement garder, car ils vous rappellent réellement de bons souvenirs avec l'être cher disparu.

1. ____________________
2. ____________________
3. ____________________
4. ____________________
5. ____________________
6. ____________________
7. ____________________
8. ____________________
9. ____________________
10. ____________________

Cela signifie maintenant que vous allez devoir ranger dans des cartons, que vous entreposerez pour les conserver ou sinon les vendre ou les donner, tous les autres objets. Est-ce que cela vous semble difficile ?

- [ ] Oui
- [ ] Non
- [ ] Je ne sais pas

Si oui, qu'est-ce qui aujourd'hui pourrait vous empêcher de ranger ces objets ? Choisissez dans la liste. (Plusieurs réponses sont possibles.)

- [ ] **Sentiment de trahison :** vous pouvez ressentir qu'en vous séparant de ces objets, vous trahissez la mémoire de l'être cher, comme si vous essayiez de l'effacer de votre vie.
- [ ] **Peur de l'oubli :** il y a souvent une crainte que sans ces objets tangibles, les souvenirs de l'être cher disparu s'estomperont ou seront oubliés avec le temps.
- [ ] **Douleur émotionnelle :** le simple fait de toucher ou de voir ces objets peut raviver la douleur et le chagrin liés à la perte, rendant le processus de rangement trop douloureux.
- [ ] **Sentiment de responsabilité :** on peut se sentir responsable de la conservation de ces objets, en tant que gardien de la mémoire de l'être cher disparu.

- ☐ **Indécision et ambivalence :** la décision de garder ou de se défaire des objets peut être compliquée, quant à ce qui constitue le bon choix ou le bon moment pour le faire.
- ☐ **Pression externe :** la pression de la part d'autres membres de la famille ou amis pour conserver ou se débarrasser des objets peut créer un conflit interne.
- ☐ **Manque de soutien émotionnel :** sans un soutien émotionnel adéquat, la tâche de trier et de ranger ces objets peut sembler insurmontable.
- ☐ **Épuisement :** le processus de deuil peut être épuisant émotionnellement et physiquement, laissant peu d'énergie pour des tâches comme le tri d'affaires personnelles.
- ☐ **Culpabilité :** il peut y avoir un sentiment de culpabilité lié à l'idée de « passer à autre chose », ce qui peut rendre difficile la prise de mesures qui symbolisent ce mouvement.
- ☐ **Utilité pratique :** vous avez besoin de ces objets dans votre vie quotidienne et n'avez pas forcément les moyens d'en racheter.
- ☐ **Autre (décrivez) :** ______________________________

____

Maintenant, notez tout ce qui pourrait vous aider à surmonter ces obstacles et ces freins :

____

____

____

____

____

____

____

____

____

____

____

____

***

Adopter une **stratégie de progression pas à pas** est une approche efficace pour atteindre des objectifs complexes ou de grande envergure. Cette méthode consiste à diviser un grand objectif en plusieurs petites étapes plus gérables, permettant ainsi de réduire le sentiment d'accablement et d'augmenter la faisabilité de la tâche. Chaque petit succès obtenu en achevant une étape renforce la motivation et offre une sensation de progrès tangible.
Vous pourriez par exemple commencer par ranger une première pièce, comme votre chambre, ou un meuble comme la bibliothèque.

***

Finalement, dans quel endroit allez-vous rassembler les objets qui vous font le plus penser à la personne disparue ?

Je vais maintenant vous demander de mettre en place un rituel. Celui-ci va consister à choisir certains moments où vous vous recueillerez. Pendant ces moments, vous rendrez hommage à l'être cher disparu. Vous pourrez réaliser ce rituel seul ou avec des proches. L'objectif est d'apprendre progressivement à canaliser l'énergie du deuil. La souffrance du deuil est en effet une forme d'énergie que vous devez apprendre à canaliser. Les rituels sont un moyen puissant pour y parvenir.

Réaliser un rituel où l'on se recueille permet de satisfaire son besoin de se connecter à l'être cher disparu tout en se disciplinant progressivement sur ce sujet. Rendre hommage, se connecter, se souvenir sont des activités importantes, à condition qu'elles n'emplissent pas tout le temps présent. Le temps présent doit être occupé par la vie. Se faire plaisir, prendre soin de ses proches, vivre quoi ! Bien sûr, cet éloignement doit se faire progressivement et à son rythme, sans rien forcer.

Comment imaginez-vous ce rituel ?

____
____
____
____
____
____
____
____
____
____

Est-ce qu'il s'agit d'un rituel que vous réalisez… ?

- ☐ Seul
- ☐ Avec des proches
- ☐ Autre (décrivez) : ______________________________

____

À quelle fréquence ?

- ☐ Une fois par jour
- ☐ Plusieurs fois par semaine
- ☐ Une fois par semaine
- ☐ Une fois tous les quinze jours
- ☐ Une fois par mois
- ☐ Une fois par trimestre
- ☐ Plusieurs fois par an
- ☐ Une fois par an
- ☐ Autre (décrivez) : ______________________________

____

Si vous deviez conduire un rituel plus important une fois par an, que pourriez-vous faire ? Voici quelques idées.

- ☐ **Visite au cimetière :** aller fleurir la tombe ou simplement passer un moment au cimetière pour se recueillir.
- ☐ **Lâcher de lanternes ou de ballons :** organiser un lâcher de lanternes célestes ou de ballons avec des messages écrits pour la personne disparue.
- ☐ **Repas commémoratif :** préparer et partager un repas composé des plats préférés de la personne, ou manger dans son restaurant favori.

- ☐ **Veillée ou soirée de partage :** organiser une soirée pendant laquelle chacun peut partager des souvenirs, des histoires, ou des photos de la personne disparue.
- ☐ **Écoute de sa musique favorite :** passer du temps à écouter les morceaux ou les genres musicaux préférés de la personne.
- ☐ **Visionnage de films ou de vidéos :** regarder les films ou les vidéos que la personne aimait beaucoup ou ceux où elle apparaît.
- ☐ **Donation ou travail bénévole** : faire un don ou travailler bénévolement pour une cause qui était importante pour la personne, en son honneur.
- ☐ **Plantation d'un arbre ou création d'un jardin :** planter un arbre ou créer un jardin commémoratif en son nom, offrant un lieu de paix et de souvenir.
- ☐ **Marche ou randonnée dans un lieu aimé :** organiser une marche ou une randonnée dans un lieu que la personne appréciait, peut-être un parc naturel ou un sentier de randonnée.
- ☐ **Création d'une œuvre d'art ou d'un objet artisanal :** fabriquer quelque chose, comme une pièce d'art ou un objet, qui représente la personne ou des moments passés ensemble.
- ☐ **Autre (décrivez) :** ____________________

____

De quelle manière aimeriez-vous dire vraiment au revoir à cet être cher disparu ? Décrivez :

____

____

____

____

____

____

____

____

____

____

Étape n° 7

Je dis ce qui n'a pu être dit et redis ce qui a déjà été dit

« Il y a des années qui posent des questions et des années qui répondent. »

ZORA NEALE HURSTON

***

Le vent et les paroles oubliées

Il était une fois, dans un petit village, un jeune homme nommé Adrien. Adrien vivait avec sa mère, une femme douce et aimante. Ils partageaient une relation très proche, mais Adrien, comme beaucoup, avait parfois du mal à exprimer ses émotions les plus profondes. Il aimait sa mère plus que tout, mais n'avait jamais vraiment trouvé les mots pour lui dire combien elle comptait pour lui.

Un hiver, la mère d'Adrien eut un terrible accident. Malgré les soins qu'elle reçut, elle quitta ce monde, laissant Adrien dévasté. Adrien se rendit compte alors qu'il ne lui avait jamais dit combien il l'aimait et combien il appréciait tout ce qu'elle avait fait pour lui. Ces mots qu'il avait oublié de prononcer le rongeaient. Il sentait un poids énorme peser sur son cœur.

Un soir, alors qu'il se promenait seul dans les collines, Adrien entendit le doux murmure du vent. Celui-ci semblait lui chuchoter quelque chose. Dans ce murmure, il crut reconnaître la voix de sa mère. Le vent, sensible à sa douleur, lui dit :

– Adrien, tu peux toujours me parler. Même si je ne suis plus là physiquement, ton amour et tes paroles trouveront toujours leur chemin jusqu'à moi.

Encouragé par ces paroles, Adrien commença à parler au vent. Il lui raconta tout ce qu'il n'avait jamais dit à sa mère, partageant ses regrets, ses souvenirs et surtout son amour infini. Plus il parlait, plus il se sentait léger, comme si un poids immense s'était soulevé de ses épaules.

***

Comme Adrien dans ce conte inspirant, lorsqu'un être cher disparaît, il peut arriver que l'on éprouve des regrets par rapport à des questions qu'on aurait aimé poser à cette personne, des choses qu'on aurait aimé savoir sur sa vie, ses pensées, ses émotions ou ses rêves. On peut aussi éprouver le regret de ne pas avoir dit, ou pas suffisamment dit, à cette personne à quel point on l'aimait et à quel point elle comptait pour nous. Par bonheur et comme dans l'histoire d'Adrien, il n'est jamais trop tard.

Est-ce qu'il y a des questions que vous auriez aimé poser à l'être cher avant qu'il ne disparaisse ?

☐ Oui ☐ Non

☐ Je ne sais pas

Si oui, décrivez :

____

____

____

____

____

____

____

____

____

____

____

____

Parmi ces questions, lesquelles auriez-vous aimé lui poser...

Concernant son enfance et sa jeunesse :

☐ Quels sont tes souvenirs d'enfance les plus heureux ?

☐ Comment était ta relation avec tes parents ?

☐ Comment était ta relation avec tes frères et sœurs ?

☐ Quel genre d'élève étais-tu ?

☐ Avais-tu un animal de compagnie ou un jouet préféré ?

☐ Y a-t-il une personne qui t'a particulièrement influencé durant ton enfance ?

☐ Autre (décrivez) : ______________________________

____

Concernant son adolescence et ses premières expériences :

- ☐ Quel a été ton premier emploi ?
- ☐ Comment as-tu rencontré ton premier amour ?
- ☐ Quels étaient tes rêves et tes aspirations à l'adolescence ?
- ☐ Quelle est l'expérience la plus importante que tu aies faite durant ton adolescence ?
- ☐ Quel était le métier que tu rêvais d'exercer ?
- ☐ Quel était l'endroit où tu rêvais de vivre ?
- ☐ Est-ce que tu étais heureux à cet âge-là ?
- ☐ Autre (décrivez) : ______________________________

____

Concernant sa vie adulte et sa carrière :

- ☐ Quel est le travail dont tu es le plus fier ?
- ☐ Y a-t-il une décision de carrière que tu regrettes ou que tu prendrais différemment ?
- ☐ Quels ont été les plus grands défis de ta vie professionnelle ?
- ☐ Comment as-tu choisi ton métier ?
- ☐ Quels conseils pourrais-tu me donner pour que je réussisse ma vie professionnelle ?
- ☐ Autre (décrivez) : ______________________________

____

Concernant ses relations et sa vie de famille :

- ☐ Comment as-tu rencontré ton partenaire ?
- ☐ Quels ont été les moments les plus marquants de ta vie de couple ?
- ☐ Y a-t-il des choses que tu aurais aimé faire différemment dans l'éducation de tes enfants ?
- ☐ Quel conseil donnerais-tu pour une relation durable et heureuse ?
- ☐ Autre (décrivez) : ______________________________

____

Concernant ses passions et ses loisirs :

- [ ] Quels étaient tes activités ou hobbies favoris ?
- [ ] Y a-t-il un livre, un film ou un morceau de musique qui t'a particulièrement marqué ?
- [ ] Quel est le voyage le plus mémorable que tu aies fait ?
- [ ] As-tu toujours voulu essayer quelque chose que tu n'as jamais eu l'occasion de faire ?
- [ ] Autre (décrivez) : ______________________________

____

Concernant ses croyances et ses valeurs :

- [ ] Quelle fut ta plus grande conviction ?
- [ ] Comment voyais-tu le sens de la vie ?
- [ ] Y a-t-il des croyances spirituelles ou religieuses qui t'ont guidé tout au long de ta vie ?
- [ ] Y a-t-il une leçon de vie que tu as apprise et que tu souhaites partager ?
- [ ] Autre (décrivez) : ______________________________

____

Concernant certains moments particuliers de sa vie :

- [ ] Y a-t-il un moment ou un événement de ta vie que tu considères comme un tournant ?
- [ ] Quelle est ta plus grande fierté ?
- [ ] Quelle est la chose la plus drôle qui te soit jamais arrivée ?
- [ ] Quels souvenirs gardes-tu de tes moments passés avec tes amis les plus proches ?
- [ ] Autre (décrivez) : ______________________________

____

Concernant ses derniers souhaits et ses éventuels regrets :

- ☐ Y a-t-il quelque chose que tu aurais aimé accomplir, mais que tu n'as pas eu l'occasion de faire ?
- ☐ Quel conseil donnerais-tu à ceux qui restent ?
- ☐ Y a-t-il un message particulier que tu aimerais laisser à ta famille et à tes amis ?
- ☐ Si tu pouvais revenir en arrière, y a-t-il quelque chose que tu ferais différemment ?
- ☐ Autre (décrivez) : ______________________________

____

Pensez-vous que l'être cher disparu avait des secrets qu'il ne vous a jamais révélés sur sa vie ?

☐ Oui ☐ Non

☐ Je ne sais pas

Si oui, pouvez-vous imaginer quels étaient ces secrets ?

____

____

____

____

____

Avez-vous le sentiment que l'être cher disparu vous a transmis tout ce qu'il avait à vous transmettre ?

☐ Oui ☐ Non

☐ Je ne sais pas

Si non, expliquez :

____

____

____

____

____

***

Le secret de la clé dorée

Il était une fois, dans un petit village entouré de montagnes verdoyantes, un homme nommé Léo, connu de tous pour sa bonté et sa générosité. Léo vivait seul dans une vieille maison, héritée de ses parents, avec un grand jardin rempli de fleurs rares et magnifiques. Les villageois l'admiraient et lui rendaient souvent visite pour bénéficier de ses conseils ou pour lui acheter des fleurs. Mais Léo avait un secret qu'il n'avait partagé avec personne.
Au fil des années, Léo vieillit et sa santé déclina. Sentant sa fin proche, il appela ses trois enfants, Anna, Luca et Sofia, pour leur parler :
— Mes enfants, dit-il d'une voix faible, il y a une chose que je dois vous dire, quelque chose que vous devez savoir...
Mais avant qu'il ne puisse révéler son secret, Léo s'effondra dans son lit et rendit son dernier souffle. Ses enfants, dévastés par la perte de leur père, organisèrent les funérailles. Mais au fond d'eux, une question persistait : qu'avait-il voulu leur dire ?
Après l'enterrement, alors qu'ils fouillaient la maison pour trouver des documents importants, Anna découvrit une petite clé dorée dans un tiroir du bureau de leur père. La clé était attachée à un lien de cuir usé, et un petit mot l'accompagnait : « Pour mes enfants, lorsque je ne serai plus là. »
Intrigués, les trois enfants essayèrent de comprendre ce que la clé pouvait ouvrir. Ils fouillèrent toute la maison, du grenier à la cave, cherchant un coffre, une boîte ou une porte secrète. Mais malgré tous leurs efforts, ils ne trouvèrent rien.
Le temps passa, et bien que leur vie ait repris son cours, le mystère de la clé dorée resta dans leur esprit comme un secret suspendu entre eux et leur père décédé. Anna, la plus curieuse des trois, ne pouvait pas accepter de ne jamais connaître la vérité. Elle rêvait de ce que leur père avait voulu leur dire, de ce qui aurait pu se passer s'il avait eu quelques instants de plus.

Un jour, elle se rendit chez une vieille femme du village, connue pour ses dons de voyance. La vieille femme écouta attentivement l'histoire d'Anna et regarda longuement la clé dorée, avant de dire finalement :
— Cette clé n'ouvre pas une porte ou un coffre. Elle ouvre une vérité plus grande, une vérité que votre père voulait que vous découvriez par vous-mêmes.
Confuse mais intriguée, Anna rentra chez elle et partagea les paroles de la voyante avec Luca et Sofia. Ensemble, ils décidèrent de revisiter chaque coin de la maison, non pas en cherchant un objet à ouvrir, mais en cherchant un signe, une indication de ce que leur père voulait vraiment leur transmettre. En parcourant le jardin de leur père, ils tombèrent sur une vieille pierre tombale, tout au fond, recouverte de mousse et de lierre. Sur la pierre, ils découvrirent une inscription à peine visible : « La vraie richesse n'est pas ce que l'on possède, mais ce que l'on partage avec ceux qu'on aime. »
Ils comprirent alors que le vrai secret que leur père avait voulu leur transmettre n'était pas matériel, mais spirituel. Léo avait laissé derrière lui un jardin rempli de beauté, de paix et de souvenirs. La clé dorée n'était pas destinée à ouvrir un coffre de trésors cachés, mais à les guider vers la vraie richesse de la vie : l'amour, le partage et les souvenirs précieux qu'ils avaient eus ensemble.

***

Est-ce que vous parliez souvent avec l'être cher disparu ?

☐ Oui ☐ Non

☐ Je ne me souviens plus

Si oui, de quoi parliez-vous ? Racontez.

Si non, pourquoi ne parliez-vous pas beaucoup ? Expliquez.

Est-ce que vous avez des secrets sur votre vie que vous n'avez jamais révélés à l'être cher disparu ?

☐ Oui ☐ Non

☐ Je ne me souviens plus

Si oui, quels étaient ces secrets ? Pourquoi ne les lui avez-vous jamais révélés ?

Comment exprimiez-vous votre amour à cette personne ?

- ☐ **Paroles valorisantes :** vous utilisiez des mots pour exprimer votre affection. Par exemple, vous disiez régulièrement à la personne combien vous l'appréciiez, la félicitiez pour ses réussites, ou vous lui disiez simplement « je t'aime ».
- ☐ **Temps de qualité :** vous passiez du temps de qualité ensemble, en vous concentrant vraiment sur elle sans distractions. Cela pouvait être des moments partagés lors d'une promenade, d'un dîner ou en partageant un moment.
- ☐ **Offrir des cadeaux :** vous lui offriez des petits cadeaux qui montraient que vous pensiez à elle. Ces cadeaux n'avaient pas besoin d'être coûteux. Ils signifiaient que vous portiez attention aux goûts et aux désirs de l'autre.
- ☐ **Rendre service :** vous faisiez des choses pour elle afin de lui montrer votre amour. Cela pouvait inclure des tâches comme préparer un repas, aider à des corvées ou prendre en charge des responsabilités pour alléger sa charge quotidienne.
- ☐ **Contact physique :** vous exprimiez votre affection par le toucher, ce qui pouvait inclure des câlins, des baisers ou lui tenir la main. Le contact physique était un moyen très direct et réconfortant de montrer votre amour.

Si c'était d'une autre manière, pouvez-vous préciser ?

____

____

____

____

____

Regrettez-vous de ne pas avoir exprimé suffisamment votre amour ? Par exemple, vous parliez à cette personne, mais vous n'avez jamais osé le prendre dans vos bras et vous ressentez aujourd'hui le besoin de le faire.

☐ Oui ☐ Non

☐ Je ne me souviens plus

Qu'auriez-vous envie de faire aujourd'hui si vous n'aviez pas cette retenue et que la personne était présente ? Décrivez :

***

La femme des neiges

Dans les montagnes enneigées du Japon, deux bûcherons, un vieil homme nommé Mosaku et son jeune apprenti Minokichi, se retrouvèrent pris dans une tempête de neige sévère. Cherchant refuge, ils trouvèrent abri dans une petite cabane. Durant la nuit, Minokichi se réveilla et vit une femme vêtue d'un kimono blanc debout au-dessus de Mosaku. Elle était d'une beauté surnaturelle, avec une peau presque translucide et des cheveux d'un noir profond. Cette femme était Yuki-onna, l'esprit de la neige. Elle s'approcha de Minokichi, qui tremblait de peur, et lui toucha le visage de ses lèvres glacées. Au lieu de lui ôter la vie, comme elle l'avait fait avec Mosaku, elle lui parla doucement :

– Je vais te laisser vivre, à la condition que tu ne parles jamais de cette nuit. Si tu en parles à qui que ce soit, je reviendrai te prendre.

Minokichi promit de garder le secret. Les années passèrent et il ne dit mot de cette nuit terrifiante. Il rencontra plus tard une belle jeune femme nommée Oyuki et l'épousa. Oyuki était une épouse aimante et la mère attentionnée de leurs enfants. Minokichi était heureux et n'avait jamais rompu sa promesse de garder le secret.

Cependant, une nuit, après de nombreuses années de mariage, Minokichi, ému par la ressemblance de sa femme avec Yuki-onna, lui raconta l'histoire de cette nuit fatidique. À sa grande surprise, Oyuki se leva et devint blanche comme la neige.
– C'était moi. Mais parce que tu as été un bon mari et un bon père, je te laisserai vivre. Prends soin de nos enfants.
Puis elle disparut pour toujours, laissant Minokichi seul avec ses enfants dans le froid silencieux de la nuit.

***

Pourriez-vous rédiger une lettre à l'être cher disparu en lui disant tout ce vous ne lui avez pas dit, ou pas suffisamment, ou en lui redisant tout ce que vous lui avez déjà dit mais qui est très important à vos yeux ? Prenez votre temps. Ne soyez pas avare de mots.

Vos engagements pour le futur

***

« L'engagement est ce qui transforme une promesse en réalité. »

ABRAHAM LINCOLN

***

Il y a dix ans, j'ai étudié l'hypnose à l'hôpital de la Pitié-Salpêtrière, à Paris, sous l'égide du docteur Jean-Marc Benhaiem et de François Roustang. Lors de ma formation, j'ai souhaité présenter un article à l'assemblée de médecins, de sages-femmes et de psychologues qui étaient venus comme moi apprendre l'hypnose. Cet article s'intitulait : « Les êtres humains désirent-ils vraiment être heureux ? ». L'objet de cet article était de comparer d'une façon objective deux états : le « bonheur » et le « malheur ».

L'idée de cet article m'était venue de cette phrase, prononcée par François Roustang, alors âgé de 94 ans et qui continuait à enseigner : *« Si les hommes et les femmes voulaient être heureux, cela se saurait ! »* François Roustang avait atteint un âge où l'on peut dire la vérité sans plus avoir à craindre le jugement des autres et où l'on ne risque plus ni sa carrière, ni sa réputation. Il voulait ainsi expliquer pourquoi certains de ses patients, alors qu'il leur en avait fait entrevoir la possibilité, refusaient la guérison.

Ces patients mettaient fin à la thérapie ou refusaient expressément d'accomplir les actions nécessaires pour guérir. Pour François Roustang, ces personnes préféraient conserver leur souffrance, quelle qu'en soit l'origine, plutôt que de l'abandonner. À l'époque, j'étais convaincu, et je crois l'être toujours, que l'objectif suprême de toute vie est le bonheur.

Cette phrase m'avait donc profondément choqué, blessé même, avant de m'obliger à entreprendre ce travail pour me faire ma propre opinion.

Je me suis donc mis à écrire l'article, en comparant objectivement ces deux états : le « malheur » et le « bonheur ». Quand j'ai commencé à l'écrire, je n'avais aucune idée des conclusions auxquelles j'aboutirais. La rédaction de cet article a constitué en cela l'une de mes plus belles aventures intellectuelles, d'autant plus que Jean-Marc et François m'ont offert la possibilité de partager mes conclusions. Voici dans les grandes lignes ce que j'ai découvert, en cherchant à répondre à cette question.

Ma première découverte, et j'en fus le premier surpris, a été que, contrairement à une idée reçue, être malheureux offre paradoxalement de nombreux avantages. Les voici.

Premier avantage : être malheureux nous rend extraordinaire

Être malheureux offre la possibilité de se plaindre. Se plaindre permet de solliciter l'attention de son entourage et *in fine* d'être au centre du groupe. Un être humain heureux n'a pas ce privilège. Il n'a pas la capacité d'attirer l'attention, du moins nous le verrons, il n'attire pas l'attention de la même manière. Or être écouté et regardé est sans doute le besoin humain le plus fondamental. Être écouté et regardé par quelqu'un qui mobilise toute son attention pour nous, c'est exister.

Si je vous raconte cela, c'est parce que le deuil en tant que source de souffrance peut aussi procurer cet avantage. Les personnes en deuil sont, plus que les autres, l'objet de l'attention des autres. Et c'est normal, parce qu'ils ont besoin de soutien, d'affection et d'amour plus que les autres. Mais cette attention peut aussi les conduire à ne pas pouvoir sortir du deuil, à ne pas pouvoir avancer dans leur vie et revenir à la normalité. Car abandonner sa souffrance, c'est choisir de renoncer à être au centre.

Mon but, vous l'aurez compris, est ici de vous faire réfléchir. Mon intention est que vous poursuiviez ce travail déjà accompli sur vous-même. Je suis conscient que ce travail est difficile, qu'il peut bousculer, irriter au point même d'entraîner le rejet complet de certaines idées que j'avance. Mais si je veux vous aider à avancer, ce que je souhaite profondément, je dois vous inciter à faire ce travail nécessaire. Et donc, je me dois de vous poser certaines questions qui pourraient vous heurter.

Avez-vous conscience que votre souffrance vous permet d'une certaine manière de bénéficier d'un surcroît d'attention de la part des autres ?

☐ Oui ☐ Non

☐ Je ne sais pas

En cessant ouvertement de souffrir, craignez-vous de cesser de bénéficier de cette attention et de ne plus « être au centre » ?

☐ Oui ☐ Non

☐ Je ne sais pas

Pouvez-vous décrire ce qui vous fait le plus peur aujourd'hui à l'idée de cesser de souffrir et d'une certaine manière de reprendre une vie normale ?

Deuxième avantage : être malheureux nous rend excusable

Il faut le reconnaître : on est en général beaucoup plus indulgent avec les personnes malheureuses qu'avec les personnes heureuses. Si elles commettent des erreurs ou des oublis, qu'elles sont moins productives ou efficaces ou qu'elles ne respectent pas certaines règles, nous leur témoignons plus d'indulgence. Nous considérons que leur situation le justifie. La souffrance est en soi une excuse aux manquements d'une personne. Arrêter de souffrir met fin à cette période d'indulgence.

La souffrance que vous éprouvez vous conduit-elle à commettre plus d'erreurs qu'en temps normal ?

☐ Oui ☐ Non

☐ Je ne sais pas

La souffrance que vous éprouvez vous amène-t-elle parfois à vous comporter d'une manière anormale ?

☐ Oui ☐ Non

☐ Je ne sais pas

La souffrance que vous éprouvez vous conduit-elle parfois à vous comporter d'une manière qui pourrait sembler irrespectueuse ?

☐ Oui ☐ Non

☐ Je ne sais pas

Est-ce qu'il vous arrive de penser que votre situation vous excuse ?

☐ Oui ☐ Non

☐ Je ne sais pas

En cessant ouvertement de souffrir, craignez-vous que les autres personnes se montrent moins indulgentes à votre endroit concernant ces comportements ?

☐ Oui ☐ Non

☐ Je ne sais pas

Est-ce que vous avez le sentiment que votre souffrance vous conduit à faire moins d'efforts qu'à l'accoutumée vis-à-vis de vos obligations sociales ?

☐ Oui ☐ Non

☐ Je ne sais pas

Décrivez ici un comportement que vous avez et qui ne vous serait pas pardonné si vous ne souffriez pas autant à cause de ce deuil :

____

____

____

____

____

____

____

____

____

Troisième avantage : être malheureux donne des pouvoirs spéciaux

Nous en arrivons au troisième avantage : le pouvoir. En effet, les personnes malheureuses ont le privilège de ne rien devoir faire dans la normalité. Elles peuvent rester des mois au chômage sans chercher de travail. Elles peuvent passer leur soirée à s'enivrer. Elles peuvent se montrer désagréables, blessantes, voire violentes dans leurs relations aux autres, sans que l'on ne puisse jamais les blâmer. Elles sont pardonnées de leurs excès parce qu'elles souffrent. Leur souffrance devient « pouvoir ».

Bien sûr, je ne veux pas dire que toutes les personnes qui souffrent font cela. Ce n'est pas mon idée. Je dis que certaines personnes, dans certaines circonstances particulières, le font. Et que ce « pouvoir » qu'elles tirent de leur souffrance peut les conduire à refuser de l'abandonner. Elles peuvent dans ces conditions refuser de guérir, car guérir les priverait de certaines possibilités – ce que François Roustang exprimait parfaitement par sa phrase : « Si les hommes voulaient être heureux, cela se saurait ! »

Vous arrive-t-il quand vous souffrez, et parce que vous souffrez, de dire ou de faire des choses blessantes à l'endroit des autres personnes, et notamment celles qui vous aiment ?

☐ Oui ☐ Non

☐ Je ne sais pas

Quand vous dites ces paroles ou que vous commettez ces actes, avez-vous conscience qu'en vertu de la situation vos proches vous pardonneront plus facilement ?

☐ Oui ☐ Non

☐ Je ne sais pas

Est-ce que vous êtes prêt à vous interdire définitivement de dire ces choses blessantes ou de commettre ces actes désagréables ?

☐ Oui ☐ Non

☐ Je ne sais pas

Si vous ne souffriez plus, lequel de vos comportements devriez-vous arrêter car les autres ne vous le pardonneraient plus ? Décrivez :

____

____

____

____

____

____

____

Je me souviens très bien que lorsque j'ai présenté mes conclusions, une femme s'est levée dans l'amphithéâtre et s'est opposée fermement à mes propos. Cette femme avait perdu son enfant. Elle considérait que cette perte était irréparable et que jamais elle ne pourrait être de nouveau heureuse. Ses propos étaient à la fois durs et émouvants. Je me sentais bien penaud de me montrer aussi affirmatif dans mes analyses, moi qui n'avais pas connu une telle épreuve au cours de mon existence.

Pourtant… Elle n'avait que partiellement raison. En effet, quelle que soit l'épreuve que nous devons traverser, nous avons toujours le choix. La vie nous amène à devoir choisir entre le bonheur et la souffrance. La preuve en est que parmi les millions de personnes qui ont traversé les pires épreuves de l'existence (la guerre, la famine, la déportation, le viol, la torture, l'exil, etc.), on trouve des personnes qui continuent d'aimer la vie, de rire, d'aimer et d'agir positivement, malgré leur passé.

Si ces personnes existent, alors c'est que nous pouvons nous aussi faire ce choix. Nous y sommes justement ! Nous arrivons en effet à l'étape ultime de cette thérapie, le moment qui est sans doute le plus difficile, mais aussi le plus important. C'est le moment où vous allez devoir faire votre choix. Car tous les questionnements, les exercices et l'amour de vos proches ne suffiront pas à apaiser votre souffrance si vous ne choisissez pas de l'abandonner et de la laisser derrière vous.

Bien sûr, vous avez le droit de garder votre souffrance avec vous, comme une blessure qu'on gratte dès qu'on peut et qu'on empêche ainsi de cicatriser, mais vous pouvez aussi décider de passer à autre chose, de voir que la vie ne s'arrête pas ici, à cette épreuve, que des bonheurs sont possibles. La décision que vous prendrez changera le cours de votre vie, de la même façon que le changement imperceptible du cap d'un bateau décidé par son capitaine change irrémédiablement son port d'arrivée.

Mais attendez encore un peu. Avant de prendre votre décision, vous devez encore connaître quelque chose. Avant de vous engager, vous devez connaître les inconvénients qu'il y a à être heureux.

Premier inconvénient : être heureux agace !

Force est de constater que les personnes heureuses, comme les personnes qui réussissent, agacent. Cela est d'autant plus vrai lorsque ces personnes sortent d'un deuil.

– La femme qui pleure son mari même des années après est plainte. Celle qui retrouve l'amour rapidement et se remet à croquer la vie à pleines dents est vivement critiquée. Certaines personnes osent même suspecter qu'elle n'aimait pas son époux.

– L'homme qui peine à se remettre de la perte d'un être cher est souvent vu avec sympathie et soutien. Celui qui semble rapidement surmonter son chagrin et reprendre une vie normale est jugé comme insensible ou détaché.

– L'enfant qui continue de vivre modestement, malgré une fortune héritée, est loué pour son humilité. À l'inverse, celui qui utilise cet héritage pour investir ou changer radicalement de style de vie sera perçu comme un profiteur.

– La personne âgée qui reste isolée et triste après la perte de son conjoint s'attire la compassion. Celle qui reprend activement sa vie sociale ou qui se montre ouverte à de nouvelles relations est critiquée pour avoir « tourné la page trop rapidement ».

Le bonheur nous expose immanquablement au jugement et à la critique d'autrui. Pour certaines personnes, c'est un vrai frein, conscient ou inconscient, pour « faire son deuil » et accepter la guérison. Il est invraisemblable de penser que parfois on ne guérit pas uniquement par peur du jugement des autres, comme si le bonheur pouvait être coupable, comme si le fait d'aimer la vie et de la goûter pleinement, même après la plus difficile des épreuves, pouvait nous être interdit par les autres.

Craignez-vous d'être jugé par vos proches si vous reprenez une vie normale, voire si vous vous mettez justement à profiter de la vie, conscient de sa brièveté et de sa fragilité ?

☐ Oui ☐ Non

☐ Je ne sais pas

Êtes-vous prêt à supporter la critique des autres et même leur jalousie si vous reprenez votre vie normalement ?

☐ Oui ☐ Non

☐ Je ne sais pas

Comment envisagez-vous une vie heureuse maintenant ? Comme définiriez-vous le bonheur à ce stade ?

____

____

____

____

____

____

____

____

____

Deuxième inconvénient : être heureux nous rend responsable

Être heureux nous oblige à une forme de plus grande responsabilité. Si je souffre, j'ai moins de raisons d'affronter mes erreurs et mes manquements, car ma souffrance peut constituer une excuse. Mais si je suis heureux, que j'ai décidé d'être heureux, alors je n'ai plus jamais d'excuse... Cela peut sembler simpliste, mais sur le plan de la dynamique psychologique, être heureux met une forme de pression. Les gens heureux doivent faire plus attention à ce qu'ils disent et à ce qu'ils font que les autres.

Une personne qui se plaint, qui raconte aux autres à quel point elle souffre, qui ne cesse de mettre en avant sa peine, s'attire la compassion et l'indulgence d'autrui. Celui qui, bien qu'ayant souffert, n'en parle jamais, qui ne montre pas sa peine, semble de ce fait beaucoup plus fort. Et c'est aux forts que l'on confie le plus de responsabilités. C'est des forts que l'on attend le plus de résultats. Et ce sont les forts que l'on sanctionne et critique le plus facilement. Car les forts peuvent recevoir.

Vous arrive-t-il d'utiliser votre souffrance comme une excuse pour des choses que vous avez dites ou faites ?

☐ Oui ☐ Non

☐ Je ne sais pas

Craigniez-vous qu'en abandonnant votre souffrance, qu'en faisant le choix du bonheur, votre entourage vous aide moins qu'avant ?

☐ Oui ☐ Non

☐ Je ne sais pas

Craigniez-vous qu'en abandonnant votre souffrance, vous deviez vous montrer fort ?

☐ Oui ☐ Non

☐ Je ne sais pas

Troisième inconvénient : être heureux oblige à agir

C'est sans doute le plus grand inconvénient, lorsque l'on compare la vie d'une personne heureuse à la vie d'une personne malheureuse : l'obligation d'agir. Car le bonheur se construit. Il implique des remises en cause perpétuelles, un effort pour être positif au quotidien et affronter la somme incalculable de difficultés que rencontre au cours de sa vie un être humain. C'est donc un challenge permanent. Un effort permanent. Être heureux est une sorte de travail sur le monde et sur soi.

Êtes-vous prêt à agir pour transformer positivement votre vie ?

☐ Oui ☐ Non

☐ Je ne sais pas

Êtes-vous prêt à agir pour avancer et faire en sorte que votre vie soit à nouveau belle et vibrante ?

☐ Oui ☐ Non

☐ Je ne sais pas

Quelles actions auriez-vous envie de mettre immédiatement en place ? Décrivez :

....

....

....

....

....

....

Le moment est venu de choisir en connaissance de cause. Je vous ai dit la vérité et vous pouvez donc faire un choix éclairé. Que choisissez-vous ?

☐ Je décide de conserver ma souffrance
☐ Je décide d'abandonner ma souffrance
☐ Je ne sais pas

Quel que soit votre choix, il est respectable.

Annexes

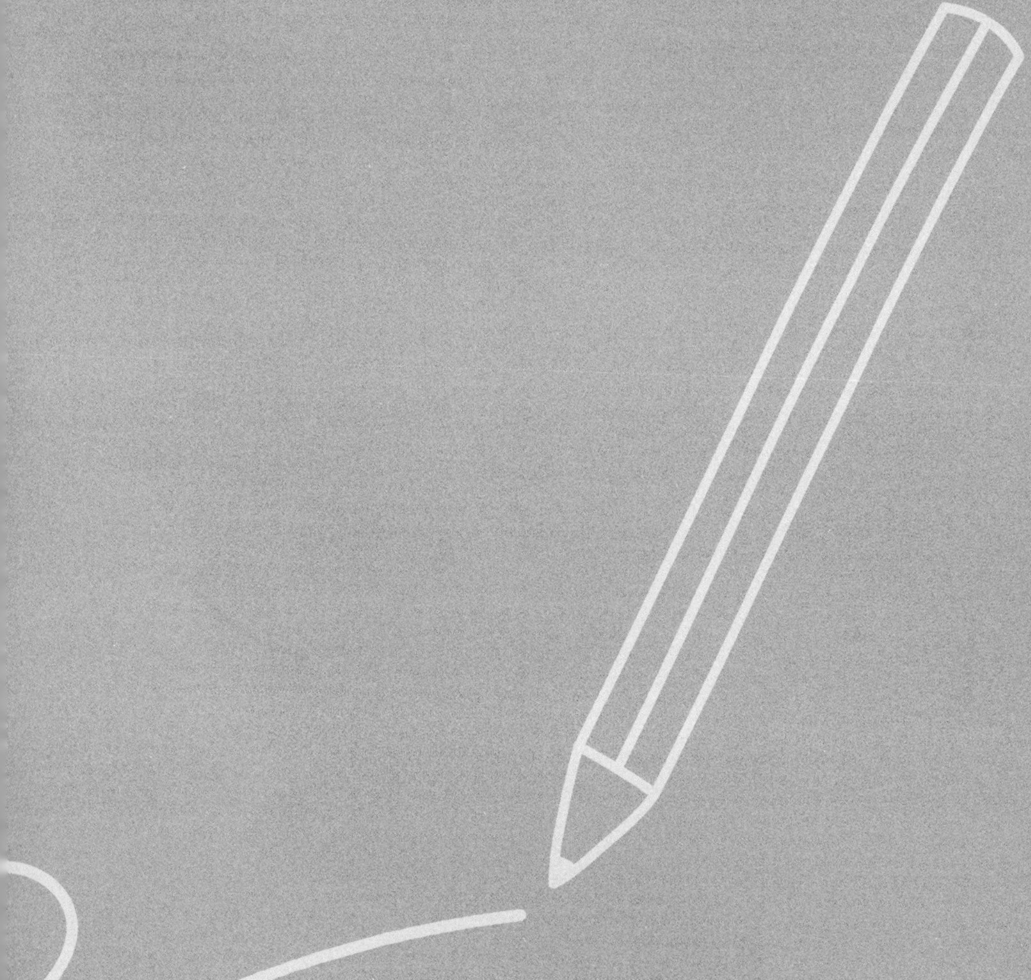

Vos notes personnelles

Dans la même collection

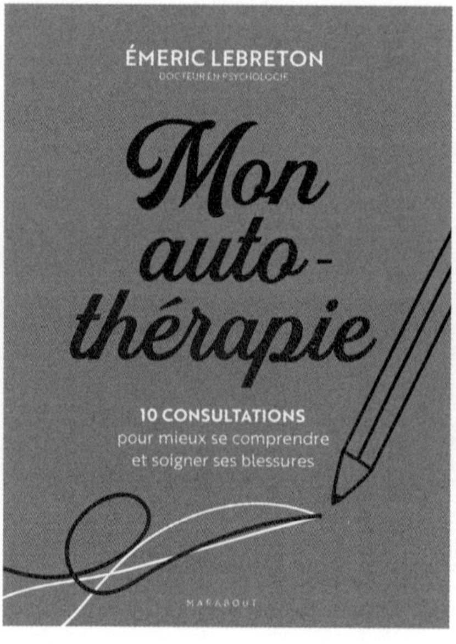

Du même auteur

Ouvrages de développement personnel

Lebreton, E. (2024). *Fais-le maintenant.* Paris : Éditions Marabout (Hachette).

Lebreton, E. (2024). *Renforcez votre détermination pour agir.* Paris : Éditions Marabout (Hachette).

Lebreton, E. (2024). *Je fais la paix avec mon passé.* Paris : Éditions Marabout (Hachette).

Lebreton, E. (2024). *Mon shadow work journal. Apprivoisez vos parts d'ombre pour apaiser vos souffrances.* Paris : Éditions Marabout (Hachette).

Lebreton, E. (2023). *Mon auto-thérapie.* Paris : Éditions Marabout (Hachette).

Lebreton, E. (2022). *Et puis m**** c'est fini !* Paris : Éditions Orientaction.

Lebreton, E. (2021). *Un été avec moi.* Paris : Éditions Orient'Action.

Lebreton, E. (2021). *Aussi serein qu'un arbre.* Paris : Éditions Orient'Action.

Lebreton, E. (2020). *Comment tombe-t-on amoureux ?* Paris : Éditions Orient'Action.

Goldmann, M. O., et Lebreton, E. (2019). *50 histoires inspirantes pour être heureux : nouvelle édition.* Paris : Éditions Orient'Action.

Lebreton, E. (2018). *La Psy'Action : la psychanalyse du XXIe siècle.* Paris : Éditions Orient'Action.

Lebreton, E. (2018). *LGO : la cure santé & minceur.* Paris : Éditions Orient'Action.

Lebreton, E. (2018). *J'arrête de fumer grâce à la psychologie positive.* Paris : Éditions Orient'Action.

Lebreton, E. (2018). *Ce que j'aimerais te dire.* Paris : Éditions Orient'Action.

Goldmann, M. O., et Lebreton, E. (2018). *50 histoires inspirantes pour être heureux.* Paris : Éditions Orient'Action.

Lebreton, E., et Benhaiem, J-M. (2017). *L'hypnose : la clé du bonheur !* Paris : Éditions In Press.

Lebreton, E. (2016). *La méthode 10/10 : perdre 10 kg et vivre 10 ans de plus.* Paris : Éditions Orient'Action.

Lebreton, E. (2016). *Les 5 langages de l'amour.* Paris : Éditions Orient'Action.

Ouvrages de développement professionnel

Lebreton, E. (2024). *Manager par les valeurs.* Paris : Éditions Orientaction.

Lebreton, E. (2021). *Méthode 16 : Développez 16 soft skills et atteignez le bonheur et la réussite.* Paris : Éditions Orient'Action.

Lebreton, E. (2019). *Tout le monde peut coacher.* Paris : Éditions Orient'Action.

Lebreton, E. (2019). *Le test du lapin.* Paris : Éditions Orient'Action.

Lebreton, E. (2019). *Robot révolution : les robots vont-ils détruire nos emplois et notre économie.* Paris : Éditions Orient'Action.

Lebreton, E. (2017). *10 attitudes gagnantes pour réussir dans la vie.* Paris : Éditions Maxima.

Lebreton, E. (2015). *10 règles pour avoir des collaborateurs heureux et performants.* Paris : Éditions Orient'Action.

Lebreton, E. (2014). *Les rumeurs : petit guide pour comprendre & agir.* Paris : Éditions Orient'Action.

Lebreton, E. (2010). *Faire des affaires avec les Chinois.* Paris : Éditions Eyrolles/Éditions d'Organisation.

Romans

Lebreton, E. (2022). *Les girafes ne vivent pas au Pôle Nord.* Paris : Éditions Orientaction.

Lebreton, E. (2013). *K. Quand le troisième âge s'éveillera, le monde tremblera.* Paris : Éditions Kindle.

Lebreton, E. (2005). *La répétition.* Paris : Éditions Le Manuscrit.

Jeux, tests et outils pédagogiques

Lebreton, E. (2024). *Cartes des animaux totems.* Paris : Éditions Orientaction.

Lebreton, E. (2024). *Cartes des encouragements.* Paris : Éditions Orientaction.

Lebreton, E. (2023). *Cartes des qualités.* Paris : Éditions Orientaction.

Lebreton, E. (2023). *Un instant pour #moi - 48 cartes de coaching.* Paris : Éditions Orientaction.

Lebreton, E. (2023). *Cartes des émotions.* Paris : Éditions Orientaction.

Lebreton, E. (2024). *Manuel d'utilisation des cartes des émotions.* Paris :

Éditions Orientaction.
Lebreton, E. (2019). *Cartes des valeurs, format illustré.* Paris : Éditions Orientaction.
Lebreton, E. (2023). *Manuel d'utilisation des cartes des valeurs.* Paris : Éditions Orientaction.
Lebreton, E. (2020). *Cartes des 5 langages de l'amour.* Paris : Éditions Orient'Action.
Lebreton, E. (2020). *Cartes des 32 figures du destin.* Paris : Éditions Orient'Action.
Lebreton, E. (2019). *Cartes des valeurs.* Paris : Éditions Orient'Action.

PAPIER CERTIFIÉ

Achevé d'imprimer par Pollina - 501547, en France
pour le compte des Éditions Marabout (Hachette Livre)
58, rue Jean-Bleuzen, 92178 Vanves Cedex

contact@marabout.com

Dépôt légal : avril 2025
ISBN : 978-2-501-18990-3
7 3778 24